KB000692

사랑과 법

사랑과 법

생존을 위한 두 가지 요건에 관한 이야기

장혜영 지음

궁리
KungRee

들어가며

‘거악(巨惡)을 척결하여 정의를 실현한다.’

드라마나 영화에서 자주 소비되는 검사의 이미지이고, 실제로 위와 같이 원대한 이상을 품은 검사들도 있다. 그중 일부는 이상을 실현했다고 생각하거나 그렇게 생각하는 것처럼 보이기도 한다.

나는 약 17년 7개월 동안 검사로 일하면서 끝내 그런 이상을 품지 못했고, 그래서 실현할 수도 없었다. 가장 큰 이유는 그럴 역량이 없었기 때문이나, 크기의 대소를 불문하고 법적 개념이 아닌 ‘악(惡)’을 법적 업무에 사용하는 것이 어색했고, 형사법이나 특정 직업군이 정의를 독점한다는 환상에 빠지지 않은 탓도 있었다. 내게 검사의 정체성은 헌법과 법률이 정하는 업무를 수행하는 법률가였다.

원대한 이상을 품지 않았다고 해서 검사의 업무가 쉬운 것은 아니었다. 여러 사람이 서로 다른 이야기를 하고 상충되는 자료를 제출하는 혼란 속에서 무엇이 사실인지 가려내고, 혐의 입증에 필요한 증거를 수집하는 수사의 과정은 퍼즐을 맞추는 것처럼 대체로 즐거웠지만, 가끔 퍼즐이 완성된 상태의 그림을 전혀 예상할 수 없거나 예상한 그림과 너무 달라 길을 잃은 것처럼 막막할 때가 있었다. 맞다고 끼워넣은 조각이 사실은 꼭 맞는 조각이 아니었음을 나중에 알게 되어 후회할 때도 있었다.

수사는 그 절차와 내용 모두 헌법과 법률의 제한을 받는데, 이때 법률가로서의 지식과 양심이 필요했다. 법률이나 판례는 보수적일 거라는 인상과는 달리 최신 유행에 민감해서, 언제나 가장 최근에 개정 또는 변경된 내용을 알고 있도록 계속 공부해야 했다. 그나마 양심은 잘 변하지 않아서 업데이트의 필요성이 적은 것이 다행이었다.

하지만 가장 어려웠던 건 다른 사람의 삶을, 특히 대부분은 남이 알기를 원하지 않는 부분을 알게 된다는 점이었다. 피해자의 고통에 대한 공감은 쉽게 감정이입으로 확대되었고, 피의자에게 객관적인 불법의 정도를 초과하는 분노를 느낄 때도 종종 있었다. 그럴 때마다 사건은 '남의 일'이라고, '남의 일'에 불필요한 에너지를 사용하면 결국 사건의 적절한 처분이라는 '나의 일'을 망치게 된다고 경계했지만, 시간이 가면서 '남의 일'과 '나의 일'을 명확히 구별하는 것은 불가능하다는 생각이 들었다.

어려서 부모로부터 충분한 애정과 보살핌을 받지 못한 소년범 사건을 보면 부모로서의 내 역할과 현재 상태를 점검했고, 아이들을 위한 단체에 기부를 시작했다. 노후 대비를 위하여 퇴직금 전부를 투자했다 사기를 당한 피해자의 진술을 듣고 절박한 사정이 있는 경우 오히려 마음이 급해져 잘못된 결정을 할 수 있다는 사실을 이해하게 되었고, 나도 노후 준비나 경제 문제에 좀 더 관심을 갖기로 마음먹었다.

'나의 일'을 제대로 하기 위해서라도 겉으로 드러난 '남의 일'은 물론, 기록에 나타나지 않은 사정과 배경을 이해할 필요가 있었다. 그 과정에서 내가 어떤 가치관을 갖고 있는지, 내 실제 생활은 그 가치관에 부합하는지, 내가 무엇을 좋아하고 두려워하는지, 내 주변 사람들에게 나는 어떤 사람으로 보이는지, 나는 내 주변 사람들을 어떻게 보는지 등 이전까지 몰랐거나 생각해보지 않았던 것들을 알게 되거나 생각하게 되었다.

타인의 삶을 보면서 내 삶에 대해서 생각하고, 내 삶이 타인의 삶과 완전히 분리될 수 없음을 받아들이는 것. 나는 '사람은 사회적 동물'이라는 말의 의미를 검사의 업무에 특유한 방식으로 이해하게 되었다.

이 책에 실린 일곱 편의 글은 검사로 일하는 동안 '남의 일'에 대한 나의 경험과 생각이 '나의 일'이 되는 과정을 일정한 주제—변사, 책임, 사기, 학대, 합의, 중독, 시효—를 중심으로 풀어낸 것이다. 각 주제들은 형사법이나 검사의 업무에서 중요한 영역이나, 처음부터 위 주제들로 글을 쓰겠다고 계획한 것은 아니었다. 오랫동안 많은 사건들을 처리하면서 했던 생각과 기억이 비슷한 주제 별로 분류되어 차곡차곡 쌓여 있던 모양이다. 쌓여 있던 장소가 마침 손가락 끝이었는지, 글은 마치 물길을 따라 흐르듯 내 계획과는 상관없이 저절로 흘러나오는 것 같았다. 나는 흘러나오는 글을 보면서 내 속에 그런 생각과 기억이 있었다는 사실을 알게 되었다.

그리고 일곱 편의 글이 다 '씌어진' 후에는 내가 경험한 많은 사건과 그 경험에서 비롯된 여러 생각이 결국 두 가지로 귀결된다는 사실을 깨달았다.

사랑과 법.

사회를 구성하는 토대이자, 사람이 사회 속에서 살아가

기 위해 필요한 두 가지 요건.

이 책을 읽는 분들이 사랑과 법에 관한 나의 생각에 공감해주면 기쁠 것 같다. 나의 생각에 공감하지 않더라도 각자의 '사랑'과 '법'에 대해서 생각하게 된다면, 더 기쁠 것 같다.

차례

사랑의 부재와 변사

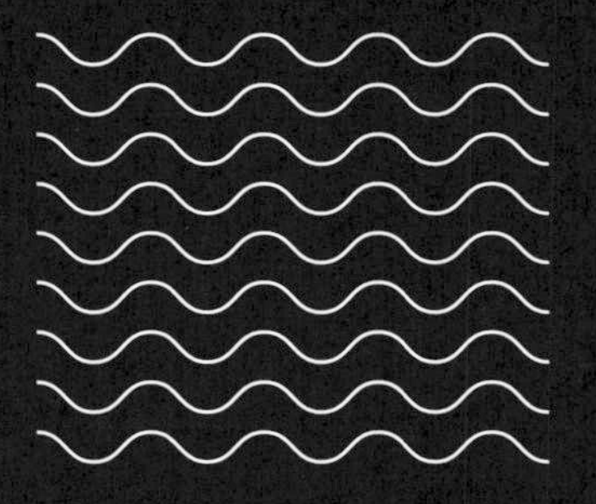

사랑을 잃고 나는 쓰네

잘 있거라, 짧았던 밤들아
창밖을 떠돌던 겨울 안개들아
아무것도 모르던 촛불들아, 잘 있거라
공포를 기다리던 흰 종이들아
망설임을 대신하던 눈물들아
잘 있거라, 더 이상 내 것이 아닌 열망들아

장님처럼 나 이제 더듬거리며 문을 잠그네
가엾은 내 사랑 빈집에 갇혔네

— 기형도, 「빈집」, 『입 속의 검은 잎』, 문학과지성사

수년 전 자신의 처를 때려 전치 6주의 상해를 입힌 사실로 구속된 피의자에 대한 사건을 배당받았다. 당시 검찰의 업무 관행상 구속 사건은 송치 첫날 반드시 조사를 해야 했고, 기록 검토를 위한 시간이 부족한 이유로 대체로 송치 첫날은 피의자에게 인적사항, 혐의의 인정 여부 등을 간단하게 확인한 후 자세한 조사는 다음날 이후부터 이루어지고 있었다. 피의자가 송치된 첫날 나는 영상녹화로 간단히 조사했다. 사건에 대한 입장을 묻는 내게 그는 '제가 죽일 놈이지요'라고 말했다. 당시 강력 전담을 맡고 있어 '더 죽일 놈'을 자주 보았던 나는 피의자가 다소 과하게 자신의 혐의를 인정한다고 생각했고, 시인 김수영에 비하면 괜찮은 사람 아닌가 생각하기도 했다.

김수영은 자신의 이름을 딴 문학상까지 제정될 만큼 대단한 시인으로 추앙되고 있지만, 개인적으로는 어린 자녀와 다수의 타인들이 보는 앞에서 '우산대로 여편네를 때려눕히'고도 '아는 사람이 이를 보지 않았을까'[1]만 걱정하는 사람이었다. 그의 시적 재능과 문학적 성취가 어떠하든, 도구를 사용하여 자신의 처를 폭행하는 행위는 '어떤 말로도, 무슨 변호로도 가능성을 부여할 수 없는'[2] 범죄이다.

나는 김수영을 언급하지는 않은 채 피의자에게 '잘못한 건 처벌받고, 앞으로 안 그러면 되죠'라고 말했다. 마음속으로는 '초범이고, 자백하니까, 재판도 사실상 한 기일 만에 끝날 거고, 집행유예가 선고될 가능성이 높으니 길어야 한두 달 정도 살면 되겠네'라고 생각했다. 내 말에 피의자가 뭐라고 대답했는지는 기억나지 않는다. 그렇게 길어야 10분이나 될까 싶은 짧은 조사를 마치고, 피의자는 교도소로 수감되었다.

다음날 아침 나는 교도소로부터 피의자가 자살했다는 연락을 받았다. 피의자가 입고 있던 속옷의 끈을 이용해 교도소 방실의 어느 곳에 목을 맸다고 들었다. 장소가 교도소였는지 어느 병원이었는지는 기억나지 않으나, 나는 검시를 하러 가 불과 몇 시간 전에 내 앞에 앉아서 얘기하던 사람을 누워 있는 딱딱한 사체로 마주하게 되었다. 변사 사건의 처리 및 검시는 검사의 통상 업무 중 하나지만, 내 사건의 피의자를, 그것도 만 하루가 되기 전에 대화했던 사람의 사체를 보는 건 통상적인 경험은 아니었다.

나는 검시를 마치고 사무실로 돌아와 검시보고서를 작성하고, 수사 중인 사건의 피의자가 자살한 사실에 대하여 법무부와 대검 등 상급기관에 보내는 보고서도 작성하는 등 예정에 없던 업무가 추가되어 평소보다 좀 더 바빴다. 검사로 일하는 동안 바빠서 다행이라고 생각한 드문 순간 중의 하나였다.

그 피의자가 '제가 죽일 놈이지요'라고 말했던 순간이 계속 떠올랐다. 그는 그 말을 할 당시 이미 자살을 계획하고 있었던 것일까. '잘못한 건 처벌받고, 앞으로 안 그러면 되죠'라고 했던 내 말이 그의 계획에 어떤 영향을 미쳤을까. 만약 내가 마음속으로만 생각했던 내용까지 말해줬더라면 자살을 하지 않았을까. 내 의문에 답을 아는 유일한 사람이 죽어버려 내 의문은 끝내 해소되지 못했다.

변사란 그 사망이 범죄에 기인하지 아니하였다고 단정할 수 없는 부자연사로서, 변사체는 그러한 사체를 의미한다.[3] 검사는 변사자 또는 변사의 의심있는 사체가 있는 때에는 검시하여야 하고, 사법경찰관에게 그 처분을 명할 수 있다.[4] 변사체 검시는 신속한 변사 사건 처리로 유족 등 국민의 편의를 도모하고 범죄 암장을 방지하기 위한[5] 것으로, 인간에게 가장 중요한 생명권을 박탈하는 범죄의 존부를 규명하는 것이므로 다른 수사단서보다 중요한 의미를 갖는 경우가 많고, 현장상황과 연계되어 가장 중요한 증거로서의 가치를 가지며, 실무상 강력사건 수사의 출발점이 되기도 한다.[6] 실제로 출산 중 사망으로 판단되어 내사종결 의견으로 검찰에 통보된 영아 변사 사건에서 수사 결과 영아의 20대 친부모가 경제적 무능력 등을 이유로 출산 직후 수건으로 영아의 입과 코를 막아 영아를 살해하고 그 사체를 은닉한 사실이 밝혀져 위 친부모를 영아살해죄 및 사체은닉죄의 공동정범으로 기소한 사례[7]도 있다.

2022년 10월 29일 서울 이태원에서 300명 이상의 사상자를 발생시킨 사고(이하 이태원 참사)에서, 같은 달 31일 당시까지의 사망자 154명에 대한 검시를 완료한 것[8] 또한 최대한 신속히 유족에게 사체를 인도하여 장례절차의 진행 등에 도움이 된 것은 물론, 이후 이태원 참사 관련 수사[9]의 시발점이 되었다. 당시 내가 근무하고 있던 검찰청의 관내

병원으로도 사망자들 중 일부가 이송되었고, 그에 대한 신속한 변사체 검시를 위하여 그날의 당직 검사 및 수사관만으로는 부족하여 추가로 검사, 수사관들을 편성하기도 하였다.

2014년 4월 16일 전라남도 진도군 조도면 부근 해상에서 여객선 세월호가 침몰하여 다수의 희생자와 피해자가 발생한 사건(이하 세월호 참사) 당시 목포지청 검사들 전부 상당 기간 매일 변사체 검시를 하였고, 남자 검사들은 검정색 넥타이를 아예 사무실에 두고 다녔다는 얘기를, 당시 목포지청장이었던 검사로부터 전해듣기도 했다.

나는 검사로 일했던 동안 수사의 단서라는 측면에 보다 집중하여 변사 사건을 검토하긴 했지만, 종종 한 인간으로서 변사 사건의 무게를 감당하기 어렵다고 느꼈다. 사실 변사 기록의 '무게'는 그리 무겁지 않다. 수사로 전환되기 전의 변사 기록 자체는 대부분 얇고, 이후 유족의 장례절차 진행 등을 위하여 우선적으로 처분되어야 하기 때문에 변사 기록이 사무실 책상 위에 머무는 시간도 짧다. 변사 기록은 통상의 결재판과는 달리 빨간색 결재판에 끼워져 오는데, 이는 시각적으로도 다른 업무에 우선하여 처리되어야 함을 환기시킨다.

자살과 고독사

그러나 죽음에 대한, 특히 변사 사건이 되는 예기치 못한 죽음에 대한 허무함은 변사 기록이 처리되는 시간보다는 조금 더 오래 남기도 한다.

수년 전 어린 자녀를 잃은 부부가 몇 달 간격으로 순차로 자살한 사건이 있었다. 부부 중 첫 번째 사망자에 대한 변사 기록을 볼 때도 어린 자녀를 잃은 그 슬픔을 상상조차 하기 싫었다. 몇 달 후 다른 변사 기록을 읽다가 '아는 얘기인 것 같은데'라는 생각이 드는 순간, 첫 번째 변사 기록 당시 유족이었던 부부의 다른 한쪽이 어린 자녀를 잃은 슬픔에 더하여 배우자를 잃은 슬픔과 그로 인해 파생된 여러 가지 고통으로 결국 자살한 것임을 알게 되었다. 나는 세 가족의 순차적 죽음이 야기하는 감정이 정확히 무엇인지 몰랐지만, 그 모르는 감정이 사건을 처분한 뒤에도 남아 있다는 건 알았다.

변사 사건에서 자살은 '흔한' 사유다. 앞서 얘기한 두 사건 외에도, 언제, 어디서였는지 기억나지 않는 수많은 변사 기록 속의 자살 역시, 정도의 차이는 있으나, 마음에 흔적을 남겼다. 사춘기 자녀를 혼냈다가 자녀가 이를 아동학대로 신고하자 자살한 엄마, 엄마와 전화통화 직후 자신의 방 창문 밖으로 투신한 초등학생, 오래 사귄 연인과 헤어진 후 자살한 청년, 자기 소유의 건물 분양사업을 하던 중 분양이 잘되지 않자 자살한 중년 사업가, 부부 싸움 후 자살한 80대 노인 등 자살자들은 결국 죽음에 이르렀다는 점 외에는 공통점이 없다고 할 만큼, 나이, 성별, 가족관계, 직업, 경제적 상황 등 삶의 거의 모든 측면에서 다양했다.

검사로 일한 기간이 길어질수록 자살로 인한 변사 기록이 증가하는 것처럼 느껴졌다. 보건복지부와 한국생명존중재단이 2020년 자살의 현황을 시대, 성별, 연령대, 지역, 교육정도, 직업, 수단, 장소, 동기 등 다양한 기준으로 분석한 결과에 의하면, 우리나라의 자살률은 통계가 작성되기 시작한 1989년 이후 2020년까지 기간 동안, 1998년 외환위기 당시 급격한 증가, 2011년 이후 감소 등 다소 증감은 있으나 전반적으로 증가하는 추세에 있고, 특히 OECD 회원국 중 가장 높은 자살률을 보이고 있으며, OECD 평균보다 2.2배 높은 것으로 나타난 것을 보면,[10] 갈수록 자살로 인한 변사 사건이 증가하는 건 단순히 나의 '감'만은 아니었던 것이다.

2021 경찰통계연보에 의하면, 2021년 자살자 13,205명 중 정신적, 정신과적 문제로 인한 자살이 5,258명(약 39.8%)

으로 가장 많았고, 그 뒤로 경제생활 문제로 인한 자살이 3,190명, 육체적 질병 문제 2,343명, 가정 문제 879명 순이었다. 물론 자살의 원인은 다양할 수 있기 때문에 위 통계를 자살이 하나의 원인에만 기인한다고 이해해서는 안 될 것이다. 예컨대, 육체적 질병으로 인하여 취업 내지 소득 활동을 하지 못하여 경제적 형편이 어려워지자 가정 내 불화가 발생한 상태에서 자살한 경우는 여러 원인이 중첩적으로 작용한 경우라 할 것이다. 반면, 10년 전인 2011년에는, 정신적, 정신과적 문제로 인한 자살이 4,773명(약 30.4%)으로 가장 많은 건 동일하지만, 그 뒤로 육체적 질병 문제로 인한 자살이 3,173명, 경제생활 문제 2,921명, 가정 문제 1,360명 순이었다. 10년 사이에 자살의 원인 중 경제생활 문제의 순위가 세 번째에서 두 번째로 상승하였음을 알 수 있다.[11]

2021년 자살자의 연령은 66세 이상이 3,392명(약 25.6%)으로 가장 많았고, 전체적으로 연령이 높아질수록 자살자가 많은 경향을 보이고 있다. 35세 이하 그룹에서는 26~30세가 928명으로 가장 많고, 36세 이상 그룹부터는 1,000~1,200명대를 유지하고 있다. 16~20세 330명, 11~15세 107명, 10세 이하 3명이었다.[12] 두 아이의 엄마인 나는 비율과 상관없이 자살하는 아동이 존재한다는 사실 자체에 충격을 받았다. 아동이 관련되는 사건은, 변사 사건이든 형사 사건이든, 무뎌지지 않았다.

자살은, 인간에게 최고의 가치를 가진 것이라는 데 누구나 별다른 이의를 제기하지 않을 생명을 스스로 포기하는 행위라는 점에서, 그러한 행위에 이르기까지의 변사자의 인생 경로를 상상하게 만든다. 그 피의자는 자신이 그런 범죄를 저지른 것이 부끄러웠던 것일까, 피해자에게 너무나 미안했던 것일까, 아니면 '처벌'이라는 말에 영원히 교도소에서 나올 수 없을 것이라 생각했을까. 어린 자녀를 잃고 순차로 자살한 부부는 같은 슬픔을 공유하면서 서로를 위로하면서 살 수는 없었을까. 엄마와 전화통화를 한 후 투신한 초등학생은 평소 엄마가 미웠던 걸까, 아니면 엄마가 자신을 미워한다고 생각했을까. 80세가 넘어서도 부부 싸움을 할 수 있다는 건 충분히 이해할 수 있지만, 그동안 싸운 적이 한두 번이 아니었을 텐데, 살아서 한 번 더 싸울 수는 없었을까. 얇은 변사 기록에 나타난 극히 일부의 사정만으로 자살자의 삶과 심정을 전부 헤아릴 수 없음은 물론이고, 각자의 상황과 환경이 모두 다르다는 점에서 모든 자살은 고유한 현상이라고 할 수도 있다.

한편, 자살인지 아닌지조차 알 수 없는 죽음도 있다. 혼자 살던 미혼의 중년 남성이 사망 상태로 자신의 집 안에서 발견되었는데, 언제, 어떻게 사망하였는지 알 수가 없었다. 부검 결과 및 집 안에 복용하던 약 봉투가 있는 점 등을 근거로 병사로 추정되었으나, 죽을 결심으로 약과 음식을 먹지 않아 죽음에 이르렀다면 이는 자살일까 병사일까.

2020년 3월 31일에 제정되어 2021년 4월 1일부터 시행되고 있는 '고독사 예방 및 관리에 관한 법률'(이하 고독사예방법)은 가족, 친척 등 주변 사람들과 단절된 채 사회적 고립상태로 생활하던 사람이 자살 · 병사 등으로 임종을 맞고, 시신이 일정한 시간이 흐른 뒤에 발견되는 죽음을 '고독사'라 정의하고 있다. 나는 고독사가 죽음 당시 혼자였다는 사실을 나타내는 점에서 죽음의 형태를 의미하는 동시에 죽음의 원인을 나타내는 말이라고 생각한다.

죽음의 진짜 이유

나는 자살이나 고독사로 인한 변사자들의 삶에서 확인되는 다양성에도 불구하고, 그들의 죽음에는 공통점이 있다고 생각한다. 변사자들에게는 사랑하는 대상이 없거나 없어지거나, 사랑하는 마음 내지 사랑할 의지가 없거나 적어진 게 아닐까. 자살이나 고독사로 인한 변사 기록을 볼 때마다 기록에 명시적으로 드러나지 않은 '사랑의 부재'라는 공통점이 서로 다른 사람들을 서로 다른 방법을 통해 같은 죽음으로 이르게 한 것이라는 생각이 반복적으로 들었다.

시인 기형도는 사랑을 잃고 시를 쓰지만, 누군가는 사랑을 잃으면 죽을 수도 있다. 기형도 또한 종로의 어느 극장에서 숨진 채 발견된 사실을 생각하면, 기형도의 죽음 또한 사랑의 부재와 무관하지 않을지도 모른다. 어린 자녀를 잃은 후 순차로 자살한 부부는 죽음의 원인이 사랑하는 대상의 상실로 인한 부재임이 명백했다. 그 피의자는 처가 자신을 떠나 자신의 삶에 더 이상 사랑이 없을 것이라고 생각했을까. 어쩌면 중국 동포인 피의자에게 다른 가족이나 친구가 가까이 없었을지도 모른다.

고독사로 인한 변사 기록에 흔히 나타나는 사정이 있다. 변사자의 휴대전화 통화목록에 최근 통화내역이 없고, 실직 상태이거나 채무가 많고, 몸이 아픈데 병원에 가지 않은 지 오래되었고, 부모나 형제자매 등 가족이 없거나 오랫동안 연락하지 않은 경우가 많다. 수사기관의 연락을 받은 가족이 시신의 인도를 거부하는 경우도 종종 있다. 물론 변사 기록에서는 변사자의 죽음에 인접한 시기의 사정만 알 수 있고, 변사자에 대한 정보를 제공하는 사람도 제한적이라, 위와 같은 사정이 변사자의 삶에서 사랑의 부재를 '증명'한다고 할 수는 없더라도, 적어도 이를 '추정'할 근거는 될 수 있을 것이다. 시인 정호승은 '사랑에 굶주린 자들은 굶어 죽어갔다'고 선언하였다.

눈은 내리지 않았다
강가에는 또다시 죽은 아기가 버려졌다
차마 떨어지지 못하여 밤하늘에 별들은 떠 있었고
사람들은 아무도 서로의 발을 씻어주지 않았다
육교 위에는 아기에게 젖을 물린 여자가 앉아 있었고
두 손을 내민 소년이 지하도에 여전히 엎드려 있었다
바다가 보이는 소년원에 간 소년들은 돌아오지 않고
미혼모보호소의 철문은 굳게 닫혀 있었다
집 나온 처녀들은 골목마다 담배를 피우며
산부인과 김과장 이야기로 꽃을 피웠다
돈을 헤아리며 구세군 한 사람이 호텔 앞을 지나가고
적십자사 헌혈차 속으로 한 청년이 끌려갔다
짜장면을 사먹고 눈을 맞으며 걷고 싶어도
그때까지 눈은 내리지 않았다

전철을 탄 눈 먼 사내는 구로역을 지나며
아들의 손을 잡고 하모니카를 불었다
사랑에 굶주린 자들은 굶어 죽어 갔으나
아무도 사랑의 나라를 그리워하지 않았다

——

정호승, 「고요한 밤 거룩한 밤」, 『서울의 예수』, 민음사

사랑의 부재가 죽음의 원인이 될 수 있다면, 사랑의 존재는 생존의 근거가 될 수 있지 않을까. 그렇게 생각하게 된 계기는 살인 사건의 수사 과정에서 찾아왔으니, 모순은 일상에서 꽤 흔한 것인지도 모르겠다.

삶의 이유

그 사건은 그때로부터 약 1년 전 내가 기소한 사건의 재판이 확정되어 수형 생활을 하던 사람으로부터 받은 편지 한 장에서 시작되었다. 사설구급차 운전기사가 정신병원 입원 환자였던 피해자를 납치하여 피해자의 카드로 수천만 원을 인출하고, 피해자 명의로 대출을 받는 등 피해자의 돈을 빼앗고 살해한 후 그 사체를 야산에 묻은 사건으로 밝혀

졌다. 피해자가 입원했던 정신병원의 원무부장이 피해자의 주소를 알려주고, 범행에 사용된 향정신성의약품을 제공하는 등 다른 관련자들의 존재 및 범행도 추가로 밝혀졌다.[13]

살인 사건은 사람의 생명을 빼앗는 범죄라는 점에서 그 자체로 중요한 사건이지만, 약 2년 동안 피해자의 가족이 그 생사조차 알지 못한 상태로 암매장되어 있던 피해자의 사체를 찾아 가족에게 인도한 점에 나는 큰 의미를 두었다. 그 외에도, 사체 발굴, 법의학 교수의 발굴 현장에서의 사체 검증, 부검, DNA를 통한 사체의 신원 확인, 정신병원 압수수색, 고속도로 톨게이트 통과 내역 확보, 계좌추적, 통신수사, 디지털 증거분석 등 그 당시 생각할 수 있는 모든 방법을 동원해 약 두 달간 집중적으로 수사한 경험과 유능한 수사관들과 같이 일하는 기쁨도 얻었다.

그러나 수사 과정은 순탄치 않았다. 정확히 말하면 수사 과정은 순탄했으나 처분 과정이 순탄치 않았다. 그 과정에서 여러 가지 생각과 감정이 끊임없이 나타나고 또 다른 생각과 감정으로 교체되었다. 그 결과 나는 약 두 달 사이에 한꺼번에 늙었고, 재산신고 외 검사를 그만둬야 하나 고민하게 된 새로운 이유를 얻었다.

그러나 쉬지 않고 움직이는 생각과 감정 속에서, 딱 한 번 모든 생각과 감정이 멈춘 순간이 있었다.

그 순간은, 빗방울이 오락가락하면서 해가 넘어가기 시작하는 5월 초의 어느 저녁, 처음 가본 지역의 야산에서 포크레인으로 사체가 매장되었을 것으로 예상된 지점을 약 한 시간 동안 파는 동안 아무 소식(?)이 없어 실패하는 건가 초조했던 순간도 아니고, 그때 주임검사로서 '반경 1미터씩 확대해서 파보고 안 되면 돌아가죠'라는 결단을 내린 지 얼마 되지 않아 뭔가 단단한 물체에 부딪치는 '캉' 소리가 들렸을 때 '이거다' 싶은 확신이 들었던 순간도 아니었다.

그 후 사체가 손상될 염려에 포크레인 작업은 중단하고 수사관들 여럿이 삽을 들고 조심스럽게 파내어 긴 다리뼈 하나를 처음 들어보인 순간도 아니고, 현장에서 전화를 받고 1시간여 거리를 운전해서 와준 근처 대학교의 법의학 교수가 발굴한 뼈를 사람의 형태로 맞춘 후 사체의 상태, 대략적인 매장 시기 등에 관해서 설명해준 순간도 아니었다.

사려 깊은 우리 방 수사관이 미리 준비한 소주와 황태포를 앞에 두고 그때까지만 해도 누군지 몰랐던 사람(이후 DNA 감정 결과 우리가 추정하고 있던 피해자라는 사실을 확인했다)의 죽음에 그저 같은 인간으로서 예를 표하기 위해 두 번 절을 했던 순간도 아니고, 살인 혐의를 내내 부인하던 어느 피의자가 처음 자백한 순간도 아니었다.

수사를 마치고 처분만 남은 시점에서 다른 어느 피의자의 일부 혐의에 관하여 나와 의견이 달랐던 청장이 소리를 지르며 손으로 테이블을 내리쳤던 순간도 아니고, 나와 같은 의견이라던 부장이 나를 불러 '이거 네 사건 아니야'라고 말했던 순간도 아니었다.

그 후 중요 사건이라는 명분으로 부장 명의로 기소한다면서 부장이 메신저로 '범죄사실 파일 좀 보내줘'라고 말했던 순간도 아니고, 그해 연말 그 다른 어느 피의자의 일부 혐의에 대해서 무죄가 선고된 사실을 안 순간도 아니었다.

그 순간은, 피해자의 처를 조사하는 도중에 왔다.

나는 피해자 유족의 진술을 듣기 위해 피해자의 처를 소환했다. 멀리서 온 그녀는 약 2년 동안 생사조차 알지 못한 남편의 죽음을 전하면서 이것저것 묻는 초면의 검사에게 담담하게 대답했다. 그녀의 진술과 기록상 확인되는 다른 자료에 의하면 피해자는 좋은 사람이 아니었다. 알코올중독자에, 종종 처와 자녀들을 때렸다. 나는 '그런 사람이라서 이런 죽음을 맞은 건가'라고 생각하기도 했으나, 피해자의 인격은 살인죄의 구성요건요소가 아니다. 그런 생각을 하는 중에도 내 손가락은 쉬지 않고 그녀의 말을 받아적었다.

바빼 움직이던 내 손가락이 멈춘 건, 그녀의 작은아이가 일곱 살이던 때 사는 게 너무 힘들어서 아이들을 데리고 죽을 결심을 한 그녀가 아이들에게 '엄마랑 같이 죽자'라고 말했더니 초등학생이던 큰아이는 순순히 그러겠다고 했으나 작은아이가 '난 아직 일곱 살밖에 안 됐는데 조금 더 살면 안 될까'라고 말했다는 그 순간이었다.

그 순간, 키보드 소리가 멈추고, 나의 생각과 감정이 멈추고, 그녀도 말을 멈추어, 좁은 사무실 안에 한동안 아무런 소리 없이 창문을 통해 들어온 햇살이 컴퓨터 모니터 앞의 먼지만 둥둥 띄우고 있었다.

곧 정적을 깬 건 그녀였다. '그 말을 듣고는 못 죽겠더라고요. 그래서 아이들하고 또 살았죠.' 큰아이인지 작은아이인지는 기억나지 않으나 피해자의 사체가 발견된 그 무렵 그녀의 아이들 중 한 명이 결혼을 앞두고 있었다. 그녀는 피해자의 사체가 발견된 것이, 피해자가 '그래도 아비라고' 아이가 결혼하기 전에 자신의 소식을 알려준 것이 아닌가 생각한다고도 말했다.

그녀는 다시 진술을 이어갔고, 이미 다른 이야기를 하고 있었지만, 내 손가락과 생각과 감정은 여전히 멈춰 있었다.

마침 나도 둘째 아이가 일곱 살이던 때, 한 번도 보지 못한 십수 년 전의 일곱 살 아이가 '난 아직 일곱 살밖에 안 됐는데 조금 더 살면 안 될까'라고 물으며 자신의 엄마를 올려다보았을 그 눈동자가 나를 보고 있어 차마 움직일 수 없었다.

사람과 사람 사이

그날 이후 나는 혼자 관사에 있는 밤이면 잠을 설쳤다. 그녀의 목소리로 전달된 일곱 살 아이의 말이, 환상임이 분명한 일곱 살 아이의 눈동자가 떠나지 않았다. 그러다 주말에 집에 와 내 아이들 옆에 누웠을 때, 그녀가 계속 살아갈 수 있었던 것은 아이들이라는 사랑의 존재 덕분이라는 것, 그녀의 아이들이 결혼을 앞둔 성인이 되기까지 잘 자랄 수 있었던 것은 엄마라는 사랑의 존재 덕분이라는 것을 깨달았다. 깨닫고 보니 너무 당연한 사실이라, 잘 때가 지났는데 더 놀겠다는 아이들을 억지로 재우지 않고 같이 놀다 잠들었다.

영국의 진화인류학자 애나 마친은 『과학이 사랑에 대해 말해줄 수 있는 모든 것』에서, 사랑은 감정이 아니라 굶주림, 갈증, 피로와 더 비슷한, 생존에 반드시 필요한 자원을

찾게 하는 동기 또는 의욕이고, 예나 지금이나 우리의 생존을 크게 좌우한다고 말했다.[14]

사랑의 부재가 개인의 삶을 고립시키고 때로 자살이나 고독사로 이끈다면, 이는 그 개인만의 문제가 아니다. 국가는 그 자신의 생존을 위해서라도 구성원들의 생존을 위협할 정도의 사랑의 부재, 그 결과인 고독을 방지해야 할 의무가 있다. 이로부터 가난, 실업, 질병, 장애 등 그러한 고독을 초래할 수 있는 여러 요인에 대한 정책을 마련하고 실행할 구체적인 의무가 도출된다고 할 것이다.

영국은 2018년 1월 세계 최초로 정부기관에 고독 문제를 담당하는 부서를 신설하였다. 영국 정부는 '문화, 미디어 및 스포츠부'(Department for Culture, Media & Sport)에 '고독부(ministry of loneliness)'를 두고, 고독 문제에 대응하기 위한 범정부 전략을 세웠다. 그로부터 5년이 지난 2023년 3월 30일 영국 정부는 연간보고서(Tackling Loneliness annual report March 2023: the fourth year)를 펴내면서, 위 전략의 성과에 대해서 고독이 모든 사람들의 건강과 행복에 중대한 영향을 미친다는 사실을 보여주었고, 한 세대의 정책 작업을 위한 기초를 마련하였다고 평가하였다. 구체적인 활동으로 '이웃을 알자' 펀드(Know Your Neighbourhood Fund)를 통해 조성한 자금을 취약 지역의 고독을 감소시키는 데 사용하거나, '더 좋은 건강: 모든 마음이 중요하다' 캠페인(Better Health: Every Mind Matters campaign)을 통해 고독이 정신건강에 미치는 영향을 홍보하는 활동 등을 예시하고 있다.[15]

일본 또한 2021년 2월경 코로나19의 확산으로 사회적 고립이 심각해지고 스스로 목숨을 끊는 이들이 증가하자 고독 문제를 담당할 장관직을 신설했다.[16]

우리나라가 앞서 언급한 고독사예방법을 제정하여 시행하는 것 또한 고독과 관련한 문제가 더 이상 개인적인 문제가 아니라 국가가 개입해야 할 문제임을 선언한 것이라 할 수 있다. 위 법에 의하면 국민은 고독사 위험에 노출되거나 노출될 가능성이 있다고 판단되는 경우 국가 및 지방자치단체에 도움을 요청할 권리가 있고, 국가 및 지방자치단체는 고독사 위험자를 고독사 위험으로부터 적극 보호하기 위하여 필요한 정책을 수립하여야 할 책무가 있다.[17] 보건복지부가 2020년부터 기존의 6개 노인돌봄사업을 통합하여 시행하고 있는 '노인맞춤돌봄서비스'는 그 서비스 대상 중 하나로 65세 이상의 노인 중 고독사 및 자살 위험이 높은 노인을 포함[18]하고 있는데, 이 또한 고독사를 예방하기 위한 국가의 책무 이행의 하나라 할 수 있다.

외로울 때 누군가 전화를 걸어준다면, 그 전화로 나누는 몇 마디 대화와 다음 전화에 대한 기대감으로 살아갈 수도 있다. 전화를 걸어 생존과 안부를 확인하는 역할을 꼭 가족이나 친구가 할 필요도 없다. 국가와 지방자치단체와 같이 권력 있는 친구도 좋을 것이다. 전화는 고독을 완화하는 방법 중 하나의 예시일 뿐, 좋은 시나 책을 권하고 같이 읽을 수도 있다. 그중 누군가는 시를 쓸지도 모른다. 누군가 그 시에 필연적인 멜로디를 입혀 노래로 만들어 또 다른 누군가의 외로움을 완화해줄 수도 있다. 그저 근처 공원에서 함께 걷자고 제안할 수도 있다. 영국이나 일본의 예에서 보듯이 고독 문제를 담당하는 부서를 신설하여 다른 좋은 방법들을 찾고 실행할 구체적인 책임을 부과하는 것도 좋을 것이다.

사랑을 잃고 누구나 시인이 될 수는 없지만 적어도 변사자는 되지 않도록, 사람과 사람, 사람과 국가 사이에 좀 더 사랑을 채울 방법을 생각해보기에 너무 이른 때는 아니다.

사랑의 능력과 책임

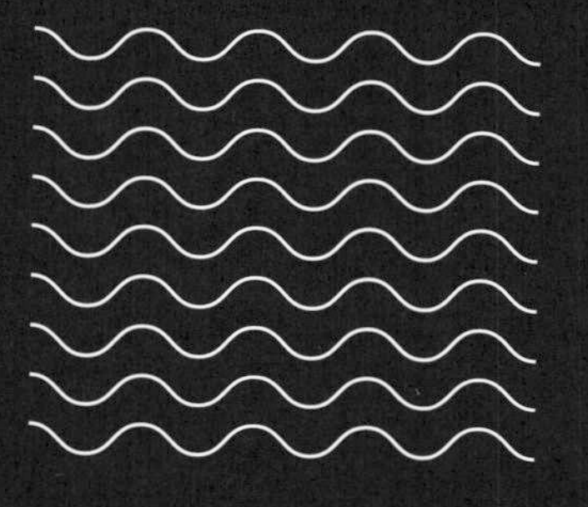

파삭파삭 말라가는 마음을
남 탓하지 마라
스스로 물주기를 게을리해놓고

서먹해진 사이를
친구 탓하지 마라
유연한 마음을 잃은 것은 누구인가

짜증 나는 것을
가족 탓하지 마라
모두 내 잘못

초심을 잃어가는 것을
세월 탓하지 마라
애초부터 미약한 뜻에 지나지 않았다

안 좋은 것 전부를
시대 탓하지 마라
희미하게 빛나는 존엄의 포기

— 이바라기 노리코, 「네 감수성 정도는」, 『이바라기 노리코 시집』, 스타북스

처음 강력 전담을 맡게 된 지 며칠 되지 않아 살인 사건이 발생했다.

국정원 직원이 자신과 가족을 죽이러 왔다는 망상에 사로잡힌 피의자가 자신이 거주하는 아파트 벽의 인터넷선을 타고 올라가, 바로 윗집은 베란다 창문이 잠겨 있어 들어가지 못하고, 다시 그 윗집으로 올라가 열려 있는 베란다 창문을 통해 집안으로 들어간 후 갖고 있던 칼로 일가족 세 명을 찔러 한 명을 살해하고, 두 명에게 중상을 입힌 사건이었다. 생존한 피해자들 중 한 명이 도망치다가 하필 피의자의 집 앞에 가서 구호를 요청하였고, 이에 집 밖으로 나온 피의자의 처 또한 피해자를 뒤따라온 남편의 칼에 찔려 중상을 입었다.

사건 발생 당일은 아니고 하루나 이틀 뒤 사건 현장에 나가보았는데, 그때까지도 사망한 피해자가 흘린 피가 완전히 굳어 있지 않았다. 피의자의 침입 경로를 되짚어 베란다로 나가보니, 피의자가 열고 들어온 상태 그대로 베란다 창문이 열려 있었다. 아직 바람이 찬 2월 하순, 나는 바람 때문만은 아닌 이유로 옷깃을 여몄다. 그날 퇴근하고 관사의 앞뒤 베란다 창문을 모두 잠갔고, 그로부터 약 2년 후 다른 곳으로 발령 나 이사를 갈 때까지 한 번도 열지 않았다. 덕분에 창문 주변 벽에 곰팡이가 피어 이를 제거하는 데 상당한 돈을 썼다.

그때까지 피의자를 대면하지는 않았지만, 사건의 경위 및 경찰로부터 전해들은 피의자의 상태에 비추어 피의자에 대한 정신감정이 필요하다고 생각했다. 나는 경찰에 피의자에 대한 감정유치장을 신청하여 공주치료감호소에서 감정을 받게 한 후 사건을 송치하도록 지휘하였다. 형사소송법이 개정되기 전이라 사법경찰관리에 대한 수사지휘가 가능한 때였다.

그로부터 약 한 달 후 피의자에 대한 정신감정이 완료되어 사건이 송치되었다. 피의자가 송치되기 전 나와 수사관들은 혹시 발생할 수 있는 불상사에 대비해 여러 가지를 점검했다. 일단 피의자의 손에 들어가 공격의 무기가 될 수 있을 물건은 전부 치웠다. 나는 책상에서 명패, 연필과 펜, 연필꽂이 등 눈에 보이는 모든 물건을 치웠고, 컴퓨터 모니터를 어떻게 해야 할지 고민했으나, 조사를 해야 하는 상황에서 모니터까지 치울 수는 없었다. 수사관들도 각자 비슷한 작업을 끝낸 후, 우리는 피의자가 갑자기 나를 비롯해 다른 사람을 공격하게 되면 어떻게 할 것인지 의논했으나, 결국 구체적인 매뉴얼은 정하지 못한 채 피의자를 검사실로 올려보낸다는 연락을 받았다.

검사실 밖 복도에서 여러 명의 둔탁한 발걸음 소리와 함께 금속성 소리가 불규칙적으로 울렸다. 잠시 문 밖에서 소리가 멈췄다가, 더 크게 울리는 소리와 함께 다섯 명이 나타났다. 피의자와 그를 개호하는 사람 네 명이었다. 범행의 내용과 피의자의 상태를 고려하여 통상의 개호 수준보다 훨씬 강화된 개호였다. 개호자들은 모두 무장 상태로, 검은 옷과 검은 모자, 군화 같은 검은 신발을 착용하고 있었고, 등에는 지금은 기억나지 않는 알파벳이 표시되어 있었다. 그런 개호자들은 처음 봤고, 그 후로 여러 건의 살인 사건을 수사했지만 그 후로도 보지 못했다. 검사실이 아닌 곳에서 만났다면 위압감을 느꼈겠지만, 그때는 안심이 되었다.

피의자는 두 명의 개호자에게 양팔을 잡힌 상태로 내 책상 앞에 섰다. 멀리서부터 불규칙하게 울리던 금속성 소리는 피의자의 발목에 채워진 쇠사슬에서 나는 소리였다. 찰스 디킨스의 소설 『크리스마스 캐럴-크리스마스의 유령 이야기』에 나오는, 스크루지의 꿈에 찾아온 말리의 몸에 감겨 있던 쇠사슬이 떠올랐다. 이 순간이 꿈이었으면, 그래서 그 살인 사건도 꿈이었으면, 아마 나보다 생존한 피해자들이 몇 배는 더 생각했으리라.

피의자가 걸음을 멈추자 검사실 안에서는 아무 소리도 나지 않았다. 그 순간 나의 업무는 침묵을 깨는 것이었다. 나는 다른 사건에서와 마찬가지로 피의자의 이름을 부르면서 본인이 맞는지 확인했고, 내 책상 앞에 놓인 의자에 앉으라고 말했다. 피의자는 철렁거리는 쇠사슬 소리와 함께 의자에 앉았다. 이제 눈높이가 맞게 되어 피의자의 눈을 똑바로 쳐다볼 수 있었다.

그건 내가 평생 본 적 없는 종류의 눈빛이었다. 마치 물고기처럼 눈꺼풀이 없는 눈에서 나오는 것 같은 눈빛, '형형하다'는 언어가 그나마 가깝지만 더 이상은 언어가 접근하지 못하는 눈빛, 무언가를 보기 위한 것이 아니라 보지 않기 위한 것 같은 눈빛. 나는 그 눈빛에서 시선을 돌려 피의자의 손에 들려 있던 검정색 비닐봉투로 향했다.

내가 '그 안에 뭐가 들었어요?'라고 묻자, 피의자는 갑자기 몸을 낮추며 얼굴을 내 앞으로 쑥 내밀었다. 순간 내가 앉은 의자가 뒤로 밀렸으나 의자와 벽 사이에 공간이 많지 않아 많이 밀리지는 않았다. 피의자는 누가 들으면 안 될 것처럼 속삭이는 목소리로 대답했다. '새우깡이요.'

안에 든 것을 보여달라는 내 말에 피의자는 비닐봉투를 열어보였다. 실제로 뜯어진 새우깡 한 봉지가 들어 있었다. 피의자는 이제 내 질문을 기다리지 않고 말하기 시작했다. 요지는 '나를 죽이려 한 사람들이 밥에 독을 탔다, 그래서 밥을 먹을 수가 없다, 치료감호소에서 주는 약에도 독이 들어 있었다, 그래서 약도 안 먹었다, 그런데 새우깡에는 독이 안 들었다, 그래서 새우깡만 먹을 수 있다'는 것이었다. 내가 하고 싶었던 말은 '넌 잘못 생각하는 것이다'였지만, 대신에 '새우깡에는 독이 안 들어 있는 것을 어떻게 아느냐'라고 물었다. 실제로 대답을 기대한 것은 아니었고, 그저 복잡해진 머릿속을 정리하는 시간을 벌고 싶었을 뿐이다.

꽃이 진다

신경즉적 야심도 없이

꽃이 진다

서럽다고 하지 마라

넌 잘못 생각하는 것이다

꽃이 진다

귓속의 환청같이 꽃이 진다

쭈그러진 귓바퀴같이 꽃이 진다고

과장하지 마라

지는 꽃이 맥반석 위에 타들어가는

마른 오징어 같다고

착각하지 마라

넌 분명 잘못 생각하는 것이다

——

이성복, 「귓속의 환청같이」, 『아, 입이 없는 것들』, 문학과 지성사

하지만 머릿속은 정리되지 않고 한 가지 생각만 맴돌았다. 이런 상태에서 피의자에 대한 조사가 가능할까. 이런 상태에서 피의자를 조사하는 것이 무슨 의미가 있을까.

범죄와 자격

당시의 수사 관행은 피의자가 송치된 첫날에는 간단한 인정신문만 하는 것이었고, 피의자를 검사실에 오래 머물게 하는 것은 나를 포함해 누구에게나 불안한 상황이었으므로, 나는 피의자에게 '교도소에서는 밥에 독을 타지 않으니 밥을 잘 먹고, 약도 잘 먹어야 한다'고 말한 후 교도소로 돌려보냈다.

불규칙하게 울리는 금속성 소리가 아예 안 들리게 됐을 때, 우리 방 수사관 중 한 명이 '검사님 생각보다 차분하시네요'라고 말했다. 내가 차분했다면, 차분함은 에너지를 많이 필요로 하는 특성이 틀림없다. 나는 당장 조퇴하고 집에 가서 눕고 싶었지만, 진정한 의미의 집은 먼 곳에 있었고, 한 달 전 베란다 창문을 비롯한 모든 창문을 잠그게 한 장본인을 만난 직후에 관사에 가고 싶지는 않았다.

나와 수사관들은 어딘가로 치워두었던 물건들을 주섬주섬 각자의 책상 위로 올렸고, 언제 피의자를 소환할지, 조서에 어떤 질문을 담을지, 생존한 피해자들을 조사할 수 있을지 등 앞으로의 수사 일정에 대해서 의논했지만, 정작 직접 대면한 피의자의 상태에 대해서는 아무 말도 하지 않았다.

아마 수사관들도 나와 비슷한 생각을 하고 있으리라 짐작했다. 저런 상태의 사람을 조사하는 게 무슨 의미가 있을까.

나와 수사관들의 의문에, 일단은 정답이 있었다. 피의자에게 위 살인 사건에 대한 책임을 지울 수 있는지, 좀 더 구체적으로 말하면 사건 당시 책임능력이 있었는지 판단할 필요가 있었다.

범죄란 구성요건에 해당하고 위법하며 책임 있는 행위를 말하는데, 범죄성립요건의 세 번째인 책임은 행위자가 법에 따라 행위를 할 수 있었음에도 불구하고 범죄충동을 억제하지 않고 위법하게 행위를 하였다는 데 대한 규범적 평가로서의 비난가능성에 그 본질이 있다. 이때 행위자에 대해서 책임비난을 가하는 전제로서 행위자가 생물학적 및 심리적으로 구비하고 있어야 하는 기본적인 능력을 책임능력이라고 한다.[19] 우리 형법은 이러한 능력을 '사물을 변별할 능력', '의사를 결정할 능력'이라고 표현하고 있다. 이러한 능력이 없는 사람은 책임이 없고, 책임이 없으면 범죄가 성립하지 않으므로, 형벌을 받을 수도 없다.

범죄의 성립요건으로서의 책임은 구성요건에 해당하는 행위를 하는 사람이라면 일단 갖고 있는 것으로 전제된다는 점에서 소극적 요건이라고 할 수 있다. 우리 형법이 책임이나 책임능력을 요구하는 명시적인 규정을 두지 않고, 예외적으로 책임능력이 없거나 있더라도 미약한 경우를 따로 규정하고 있는 것도 이러한 이유라 할 것이다.

먼저 책임능력이 전혀 없는 사람은 14세 미만의 미성년자와 '심신장애로 인하여 사물을 변별할 능력이 없거나 의사를 결정할 능력이 없는 자', 그리고 '저항할 수 없는 폭력이나 자기 또는 친족의 생명, 신체에 대한 위해를 방어할 방법이 없는 협박에 의하여 강요된 행위를 한 자'이다. 이들은 아무리 중한 범죄에 해당하는 행위를 해도 처벌받지 않는다. 청각 및 언어 장애인은 책임능력이 있지만 형을 감경하고, '심신장애로 인하여 사물을 변별할 능력이 없거나 의사를 결정할 능력이 미약한 자' 또한 책임능력이 있지만 형을 감경할 수 있다. 감경할 수 있다는 것이므로, 꼭 감경하지 않아도 된다.

대법원은 책임능력 유무와 정도에 관한 주요 사유인 심신장애에 관하여 '심신장애의 유무는 법원이 형벌제도의 목적 등에 비추어 판단하여야 할 법률문제로서 그 판단에 전문감정인의 정신감정결과가 중요한 참고자료가 되기는 하나, 법원이 반드시 그 의견에 구속되는 것은 아니고, 그러한 감정결과뿐만 아니라 범행의 경위, 수단, 범행 전후의 피고인의 행동 등 기록에 나타난 여러 자료 등을 종합하여 독자적으로 심신장애의 유무를 판단하여야 한다'라고 설명한다.[20]

이러한 대법원의 태도는 심신장애 자체를 법적 판단의 문제로 이해하는 것으로 보이나, 이렇게 이해하면 형법 조문에서 '심신장애'와 '사물을 변별할 능력이나 의사를 결정할 능력' 사이의 관계가 불분명해지게 된다. 따라서 심신장애 자체는 의학적, 생물학적으로 판단하고, 그로 인해 '사물을 변별할 능력 또는 의사를 결정할 능력'이 있는지 없는지는 법적으로 판단하는 것이 보다 논리적이다. 하지만 대법원 판결의 문언이 '심신장애'만을 대상으로 하고 있긴 해도, 실질적으로는 '심신장애로 인한 사물을 변별할 능력 또는 의사를 결정할 능력' 전체에 대한 판단 기준을 제시하고 있는 것으로 이해되기 때문에, 사실상 별 차이는 없다.

대법원의 태도에 대해서 크게 신경쓰지 않은 것은 그때까지 일하면서 책임능력에 대해서 깊이 고민할 일이 없었기 때문이기도 하다. 고민은 대부분 구성요건 단계에 머물렀고, 가끔 위법성 단계로 내려오기도 했다. 그런데 믿었던 책임능력이 사춘기 중학생처럼 방심하지 말라고 경고하는 때가 온 것이다.

피의자에 대한 정신감정 결과는 망상형 조현병, 편집성 정신분열병 등 정신질환을 앓고 있는 것으로 나타났다. 이러한 정신질환은 '심신장애'에 해당하나, 이로 인해 피의자에게 사건 당시 '사물을 변별할 능력이나 의사를 결정할 능력'이 없었는지, 있긴 있었는데 미약했는지는 따로 판단해야 했다.

피의자의 행위로 한 사람이 소중한 생명을 잃고, 두 사람과 한 사람이 서로 다른 이유로 몸과 마음에 깊은 상처를 얻었다. 생존한 피해자들 중 한 명을 조사했는데, 그 피해자는 조사 과정에서 '문을 열기가 두렵다'는 말을 여러 번 했다. 사건 당시 가족의 비명 소리에 잠을 깨어 자기 방 문을 열었을 때, 누군가 칼로 사랑하는 가족을 내리찍는 끔찍한 장면을 목격한 피해자는 문을 열 때마다 너무나 고통스럽다고 말했다. 그리고 피의자가 정신병을 이유로 금방 풀려날지도 모른다는 생각을 하면 무섭다고 하면서, 피의자가 금방 석방될 가능성이 있는지 자세히 물었다.

나는 피해자 너머에 있는 검사실 출입문을 쳐다보았다. 사람은 하루에 몇 번이나 문을 열고 닫을까. 문을 열고 닫을 때마다 피해자가 느끼는 고통과 슬픔은 어느 정도일지 짐작도 되지 않았다. 그저 2년 동안 창문을 열지 않는 것과는 차원이 다를 것이라는 짐작만 할 뿐이었다. 출입문을 쳐다본 건 피해자의 얼굴을 똑바로 보는 것이 힘들어 잠깐 피하고 싶은 마음도 있었기 때문이다. 피해자에 비할 수는 없지만 수사하는 사람도 내상을 입는다.

‘일부러’와 ‘실수로’

피의자를 다시 소환해서 조사한 결과, 우려했던 것처럼 조사에 아무런 의미가 없는 것은 아니었다. 피의자는 조사 과정에서 범행과 직접적인 관련이 없는 부분, 예컨대 해당 지역으로 이사를 오게 된 경위, 하던 일, 가족 관계 등에 대해서는 비교적 정상적인 태도로 진술했다. 물론 나는 ‘정상적인 태도’의 기준을 정상적인 경우보다 한참 낮췄다. 그리고 피의자가 범행 직후 출동한 경찰관에게 ‘내가 죽이지 않았다’라고 말했다는 사실도 알게 되었다. 이는 피의자에게 자신의 행위가 적어도 살인죄에 해당한다는 인식이 있었고, 이를 회피하고자 하는 인식도 있었음을 보여준다고 생각했다.

위와 같은 사정들을 근거로 나는 사건 당시 피의자에게 사물을 변별할 능력이나 의사를 결정할 능력이 있었다고,

즉 책임능력은 있으나 심신장애로 인해 미약한 상태였다고 판단했다. 이러한 결론에 이르는 데 범행의 중대성, 특히 피해자의 진술이 영향을 미쳤음을 부인할 수 없다.

피의자를 기소하면서 동시에 심신미약 상태를 이유로 치료감호도 청구하였으나, 이번에는 다른 의미로 피의자를 조사할 필요가 있었나 싶은 생각이 들었다. 결국 피의자를 기소하는 것은 예정된 결과가 아니었을까. 피의자가 조사과정에서 무슨 말을 했건, 책임능력이 있다고 판단하는 것은 예정된 수순이 아니었을까.

그건 범죄의 성립요건에 관한 의문이었다. 즉 범죄가 성립하는 데 책임 또는 책임능력이 필요한가. 대법원 말마따나, 책임능력은 정신감정 결과뿐만 아니라 '범행의 경위, 수단, 범행 전후의 피고인의 행동 등 기록에 나타난 여러 자료 등을 종합하여' 판단해야 하는 것인데, 그러한 사정은 책임능력 유무가 문제되지 않는 사건에서도 양형을 위하여 판단하는 자료들과 다를 바 없다. 그렇다면 책임능력은 사실상 범죄성립요건으로서의 독자성을 잃은 것이 아닐까.

그렇지 않아도 소극적 형태로 규정된 책임능력 요건이 실제로도 별다른 기능을 하지 않고 있다면, 범죄의 성립 여부는 행위가 법이 미리 정한 구성요건에 해당하는지 및 행위자가 그에 대한 위법성을 인식하고 있었는지의 두 가지 요건에 의해서만 판단하면 되지 않을까. 그렇게 해도 주관적 구성요건요소인 고의와 위법성 인식을 통해 행위자 내면의 의사가 범죄의 성립 여부에 영향을 미칠 통로는 얼마든지 있다. 실제로 고의가 없다는 점은 사건의 종류를 불문하고 가장 많이 사용되는 무죄의 이유다. 심신장애가 있는 상태로 범죄를 저지를 수 있다면, 심신장애가 있는 상태로 형벌도 받을 수 있지 않을까. 왜 사람의 마음과 머리 속에 들어 있는 생각과 환상에 따라 이를 알 수 없는 타인에게 저지른 행위의 평가가 달라져야 할까.

미국의 인류학자 조지프 헨릭은 『위어드』에서, 타인의 행위에 대한 도덕적 평가가 그 타인의 의도 등 내면의 상태에 따라 달라지는 것이 당연한 현상이 아님을 보여주었다. 미국 LA 등 서구 사회와 아마존, 오세아니아 등 비서구 사회를 포함한 10개 국제 사회의 사람들을 대상으로, 일부러 다른 사람의 물건을 가져간 사람과 실수로 가져간 사람을 어떻게 평가하는지를 연구했다. 연구 결과 서구 사회에서는 일부러 다른 사람의 물건을 가져간 사람을 압도적으로 나쁘게 평가한 반면, 피지의 야사와 지역에서는 양자에 대한 평가가 똑같은 것으로 나타났다. 그 외 비서구 사회에서는 일부러 가져간 사람을 더 나쁘다고 평가했지만, 서구 사회만큼 큰 차이로 나쁘게 평가하지는 않았다.[21]

위 연구 결과는 책임능력보다는 범죄의 주관적 구성요건요소인 고의와 좀 더 관련된 내용으로 보이지만, 다른 사람의 물건을 일부러 가져가건, 실수로 가져가건, 국정원 직원이 물건을 훔치라고 시켰건, 그 물건에 악령이 깃들어 빨리 없애야 한다고 믿었건, 그 물건을 잃어버린 사람의 입장에서는 아무런 차이가 없다. 피해자가 행위자의 마음이나 머릿속이 어떤 상태인지 관심을 가질 이유도 없다.

책임들과 능력들

그때까지 아무런 의문이 없었던 책임능력의 필요성이 범행 후 하루나 이틀이 지난 뒤에도 굳지 않았던 사망한 피해자의 피나 '문을 열기가 두렵다'는 생존한 피해자의 목소리가 떠오를 때마다 엉킨 실타래처럼 도무지 풀 수 없는 수수께끼가 되어버렸다. 그 수수께끼를 푸는 것은 지금 내가 할 일이 아니라고 생각하는 동안 몇 달이 흘러, 이제는 신분이 피고인으로 바뀐 피의자에 대한 국민참여재판이 열렸다.

당시 근무하던 검찰청의 상급 검찰청에 대응하는 지방

법원의 법정에서, 나는 피고인석으로 들어오는 피고인을 알아보지 못했다. 살이 많이 쪘고, 행동거지가 느릿하고, 인적사항을 묻는 재판장에게 대답하는 말투도 어눌했다. 가장 큰 변화는 눈빛이었다. 안개 속에 숨은 것처럼, 아니 안개만 있는 것 같은 눈빛. 나는 그럴 가능성은 없다고 생각하면서도 혹시 다른 사건의 피고인이 법정을 착각해서 잘못 들어온 것인가 싶었다.

내가 피고인에게 '내가 누군지 알겠어요?'라고 묻자, 피고인은 고개를 끄덕이며 '그때 그 검사님…'이라고 대답했다. 피고인은 역시 '그때 그 피의자'가 맞았다. 나는 피고인에게 '몇 달 사이에 많이 변해서 처음에 못 알아봤네요'라고 말했고, 피고인은 다시 고개를 끄덕이며 '지금은 약을 잘 먹어서…'라고 대답했다. 내가 피고인에게 질문을 한 것은 기본적으로 피고인이 현재는 타인과 정상적인 대화를 할 수 있는 상태인지 확인하기 위한 것이었지만, 몇 달 사이에 급변한 피고인의 외모에 놀라 그 이유가 궁금한 것도 사실이었다.

'눈은 마음의 창'이라는 말이 사실이라면 피고인의 마음은 몇 달 전과 달라진 것일까. 내가 책임능력이 있다고 판단했던 당시 피의자는 약을 복용하지 않은 상태였는데, 약을 복용하는 지금 판단해야 한다면 책임능력 유무나 정도가 달라졌을까. 만약 달라졌다면, 차이는 약의 복용 여부인데, 책임능력의 유무 내지 정도가 약의 복용에 좌우되는 것이라면 책임능력이 범죄성립요건으로서 구성요건해당성이나 위법성과 어깨를 나란히 할 수 있는 것일까. 만약 달라지지 않았다면, 더더욱 책임능력이 범죄성립요건으로서 무슨 의미가 있을까.

피고인이 자백하여 증거를 모두 동의하고, 정상관계를 위한 피고인 측 증인들만 심문하기로 하여 재판은 각오한 것보다 일찍 마무리되었다. 재판에서 피고인의 책임능력 문제는 다뤄지지 않았지만, 정작 내 머릿속에서는 책임능력에 관한 생각이 사라지지 않았다. 그러나 책임능력의 필요성에 관한 나의 '심장애'로 인하여 '기소하거나 공소를 유지할 능력'이 없거나 미약한 건 아니었다. 배심원들은 피고인이 유죄라는 데는 만장일치였지만 양형에 대해서는 다양한 의견을 냈다. 나는 재판부가 선고한 형[22]이 피고인의 심신미약 상태를 반영하더라도 범행의 중대성에 비추어 낮다고 판단하여 항소하였고, 일반 재판으로 진행된 항소심에서는 원심보다 중한 형이 선고되었다.[23]

그 후로도 가끔 책임능력이 문제되거나 피의자 스스로

책임능력이 없다고 주장하는 사건이 있었지만, 책임능력이 없다는 이유로 혐의없음 처분을 한 기억은 별로 없다. 개인적으로 책임능력의 필요성에 관한 의문이 있다고 해서 책임능력 여부에 대한 판단을 생략한 것은 아니다. 위 살인 사건 때만큼 깊이 고민하지 않았을 뿐이다. 고민해봤자 결론은 같을 거라고 생각한 탓도 있다.

마지막으로 근무했던 검찰청에 대응하는 법원에서, 무고죄로 기소된 피고인에 대하여 책임능력이 없다는 이유로 무죄를 선고한 사건이 있었다. 내가 수사한 사건이 아니라 피고인이나 기록을 직접 보지는 못했지만, 당시 공판부장이라 선고 결과를 보고받으면서 해당 판결문도 같이 봤다. 피고인이 허위 고소를 한 사실은 인정되나, 수년 전부터 앓고 있는 정신질환으로 인해 사물을 변별할 능력이나 의사를 결정할 능력이 없는 상태에서 한 행위라는 이유였다. 그 사건의 피고인에게는 무고죄로 유죄 선고를 받은 전력이 있었다. 당시 공판검사는 이러한 전력과 기록 검토 결과 인정되는 사실 등을 근거로 피고인에게 책임능력이 있다고 판단하여 항소했다.

단순히 정신질환의 정도로만 비교하면, 무죄가 선고된 무고 사건의 피고인이 위 살인 사건의 피의자보다 훨씬 약했다. 무고죄의 보호법익인 국가의 형사사법권 또는 징계권의 적정한 행사[24]의 중요성이나 무고로 인해 실질적으로 피해를 입은 사람의 고통을 무시하는 것은 아니지만, 사람의 생명을 빼앗는 살인죄에 비하여 더 중대한 범죄라고 말하기도 어렵다.

나는 공판검사의 항소 의견에 동의했지만, 냉동실 뒤켠에 대충 넣어두고 잊어버린, 먹다 남은 빵이나 옥수수를 발견한 기분이었다. 언제 넣어뒀는지 기억나지 않아 먹기는 찜찜하고, 버리자니 아까운 기분. 제대로 해소되지 않고 얼어버린 의문은 썩지도 않고, 그렇다고 먹음직한 상태도 아닌 채 머릿속에서 자리만 차지하고 있었다. 책임능력은 범죄의 내용이나 정도에 따라 도출된 결론에 구색을 맞추기 위한 장식품 같은 것이 아닐까. 우리 법이 책임주의 원칙을 적용하고 있는 또 다른 주체, 즉 법인의 책임능력이 '입법자가 법인의 일정한 반사회적 활동에 대한 대응책으로 가장 강력한 제재수단인 형벌을 선택'[25]하여 인정된 것처럼, 사람의 책임능력도 사실상 '일정한 반사회적 활동'이 그 인정 여부를 판가름하는 것이 아닐까.

결국 책임능력의 필요성에 대해서 개인적인 확신을 갖지 못했지만, '책임'은 검사에게 그 필요성을 부인할 수 없는 중요한 요건이다. 수사와 공소유지가 주된 업무인 검사에게는 공소사실에 대한 입증책임이 가장 중요하다. 이 책임에는 사실관계를 정확히 파악하는 능력, 범죄사실을 특정하고 이를 입증할 수 있는 증거를 찾는 능력, 서로 상반된 내용의 자료들 중에서 어느 것이 증명력 있는 증거인지 가려내는 능력, 법률을 헌법과 그 법률의 입법 취지에 맞게 해석하는 능력 등이 필요하다. 부수적으로 조직 내 사회생활에 필요한 여러 능력—혹자는 더 중요한 능력이라고 하는—이 있다고 하나, 그 부분은 내 전문분야가 아니다. 같은 언어를 사용하는 책임능력이지만, 범죄성립요건으로서의 책임능력에 비하여 훨씬 명확하고 이해하기 쉬운 이유는, 그 주체와 대상이 검사라는 특정한 직업과 특정한 업무에 한정되기 때문이다.

검사가 아닌 지금은 검사로서의 책임능력은 필요하지 않지만, 책임과 이를 이행하는 데 필요한 능력은 여전히 남아 있다. 새로운 직업인 변호사로서, 오랫동안 공부해온 사회보장 연구자로서, 다양한 시점에 맺은 사회적 관계인 엄마, 아내, 자식, 며느리, 친구로서, 그리고 한 인간으로서. 각각의 정체성에 요구되는 책임과 능력은 그 정체성의 역할에 따라 다르다.

한편, 사람인 이상, 누구나 할 수 있는 일이 있고, 이에 공통적으로 요구되는 책임과 능력이 있다. 우리 헌법은 국민의 권리 중에서 행복추구권을 첫 번째로 선언하고 있고, 애나 마친은 『과학이 사랑에 대해 말해줄 수 있는 모든 것』에서, 사랑하고 사랑받는 능력이 행복의 원천이라고 말했다.[26] 사람이면 누구나 할 수 있는 일이자 행복추구권을 실현하는 주요한 수단이라면, 사랑이다.

사랑에 대한 책임은 무엇이고, 이를 이행하기 위해서는 어떤 능력이 필요할까. 사랑의 책임능력은 범죄의 성립요건인 책임능력보다 훨씬 더 많은 사람들의 삶에 영향을 미친다는 점에서 더 중요한 문제라 할 수 있다. 그러니 적어도 한 번쯤은, 아니 범죄성립요건으로서의 책임능력보다는 많이 생각해볼 필요가 있다.

나는 나 자신과 대상을 '있는 그대로',[27] 즉 아무것도 나와 그를 대신하거나 대체할 수 없는 상태로 받아들이면서, 나와 그가 건강한 몸과 마음으로 각자의 행복을 추구할 수 있도록 하는 것이 사랑의 책임이라고 생각한다. 사랑의 책임을 이행하는 데 필요한 능력은 사랑하는 대상의 나이 등 사회경제적 지위 및 나와의 관계에 따라 다양하게 나타날 수 있다. 아동이나 노인 등 돌봄이 필요한 사람이라면 돌봄

노동의 형태를 띨 수 있고, 친구나 애인 또는 배우자 등이라면 보다 독립적인 형태일 수 있다.

사랑과 요건

큰아이가 서너 살 무렵, 무엇 때문에 화가 났는지 '아빠는 고기를 살 수 있지만 엄마는 못 사잖아!'라고 제법 큰 소리를 친 적이 있었다. 당시 나는 육아휴직 상태였는데, 공무원에 대한 육아휴직 급여의 상한액이 월 50만 원이던 시절, 이것저것 떼고 나면 실제로는 월 30여만 원의 급여를 수령하고 있었으므로, 그 시기에 한정해서 본다면 큰아이의 말이 사실일 수도 있었다.

하지만 설령 그렇다 해도 그게 왜 남편이 아닌 큰아이가 화를 낼 일인지, 애초에 고기를 못 사는 게 누군가 화를 낼 일인지, 고기가 아닌 다른 음식, 예컨대 사과에도 같은 기준이 적용되는지 등 여러 의문이 들었지만, 나는 큰아이와 돌 무렵의 작은아이를 돌보면서 모든 분쟁은 일단 피하고 보자는 원칙을 세우고 가능한 이를 지키고 있었다. 그래서 큰아이 주장의 핵심이 '엄마는 고기를 살 수 있는 능력이 없다'는 것임을 알고 있었지만, 고기를 사는 행위의 외관에 집중하여 '아까 먹은 고기, 엄마가 마트에서 산 거야'라고 말했다. 그러자 큰아이는 '그래?'라고 되물으며 더 이상 엄마의 능력을 문제삼지 않는 대범한 모습을 보여주었다.

그러나 큰아이의 직관은 날카로웠다. 고기를 살 수 있는 능력, 즉 경제적 능력은 사랑의 책임능력 중 중요한 능력이다. 나와 사랑하는 대상의 생존과 건강하고 행복한 삶을 위한 토대가 되기 때문이다. 그러나 사람마다 생존과 건강과 행복의 토대가 되는 경제적 기준이 다르기 때문에 어느 정도의 경제적 능력이 있어야 사랑의 책임능력을 충족할 수 있을지는 쉽게 답할 수 없는 문제다.

이에 대하여 우리 헌법은 '모든 국민은 인간다운 생활을 할 권리를 가진다'고 선언함으로써 '인간다운 생활'이라는 하나의 기준을 제시한다. 그리고 헌법재판소는 '인간다운 생활'의 의미에 관하여 '인간의 존엄에 상응하는 최소한의 물질적인 생활', '물질적인 최저생활을 넘어서 인간의 존엄성에 맞는 건강하고 문화적인 생활'이라고 설명하였다.[28] 비록 '인간다운' 생활이나 '인간의 존엄성'에 맞는 생활이 구체적으로 무엇을 의미하는지 여전히 잘 모르겠지만, 적어도 인간다운 삶이란 물질만으로는 부족하고, 건강과 문화가 필요하다는 점을 분명히 했다는 점에서는 의미가 있다.

건강은 몸과 마음 모두를 포함하고, 문화는 그야말로 범위가 넓어 이 또한 인간다운 삶을 판단하는 기준으로서 별다른 소용이 없다고 할 수도 있으나, 구체적인 상황에서 건강과 문화를 충족시키기 위해 어떤 능력이 필요한지 아는 것은 그리 어렵지 않은 일이다. 예컨대, 이제 중학생이 된 아이들을 사랑하는 데는 그들이 아기였을 때와는 다른 능력이 필요해졌다. 할 말이 없을 때 말하지 않는 능력, 할 말이 있어도 때로는 말하지 않는 능력, 방문을 닫고 들어갔을 때 방문을 열고 나올 때까지 기다리는 능력, 기능, 디자인, 가격 등 어떤 기준으로도 선택하지 않는 것이 합리적인 옷이나 신발을 골랐을 때 나의 의견을 어느 정도 말해야 할지 조절하는 능력, 좋은 책과 영화를 세련되게 권유하는 능력 등이 필요하다는 것을, 적어도 알고는 있다.

나 자신의 안위를 살피는 능력 또한 사랑의 주요한 책임 능력이다. 밥 먹기는 귀찮지만 과자는 먹고 싶을 때 밥을 먼저 먹고 과자를 일부만 먹는 능력, 건강을 위해 내일부터 달리기를 하겠다고 마음먹었는데 내일 아침이면 무라카미 하루키처럼 '달리기를 그만둬야 할 이유가 트럭 한가득'[29] 떠오르더라도 운동화를 신는 능력, 아라카와 히로무와 우미노 치카의 만화책 신간이 나왔는지 때때로 확인하는 능력,

자주 사소한 일로, 가끔은 사소하지 않은 일로 우울의 우물에 빠질 때 남편과 아이들과 친구에게 은밀한 언어로 도움을 청하는 능력 등은 몇 가지 예시일 뿐이다.

물론 사랑에 필요한 책임능력을 갖추고 있다고 해도 그 능력을 사용하지 않아 실제로는 사랑하는 대상과 스스로를 책임지지 않는다면, 그건 사랑이라고 보기 어렵다. 따라서 사랑을 하기 위해서는 책임능력과 그 능력을 사용할 의사가 동시에 있어야 한다. 이로써 사랑의 성립요건은 완전해진 걸까.

만약 사랑의 책임능력과 의사도 있는데, 그 능력과 의사를 가진 주체가 '사람'이 아니라면, 그 주체가 하는 일은 사랑일까 아닐까. 즉 사랑의 성립요건은 주체의 자격에 관한 요건도 포함하는 것일까.

가즈오 이시구로의 소설 『클라라와 태양』에서, 클라라는 AF다. AF는 소설 속에서 명시적으로 언급되지는 않지만 Artificial Friend의 약칭으로, AI(Artificial Intelligence)에 빗대어 만든 단어임이 분명해 보인다. 어쨌든 사람이 아닌 클라라는 높은 수준의 지적 능력과 주의 깊은 관찰을 통해 자신의 주인인 조시와 그 엄마의 감정, 그들의 관계와 처한 상황의 본질을 이해한다. 클라라는 조시의 병을 낫게 하기 위해 태양의 영양분이 필요하다고 믿고 이를 위해 스스로 필요하다고 판단한 일을 결국 해내고, 조시의 언니를 잃고 조시마저 잃을 것을 두려워하는 조시 엄마의 슬픔을 위로한다. 조시 엄마도 어렴풋이 짐작하는 것처럼, 결국 조시를 살린 것은 이 소설의 제목처럼 클라라와 태양이다.[30] 클라라에게는 사랑에 필요한 능력—사랑하는 대상인 조시의 몸과 마음의 건강을 책임지고, 조시가 집을 떠난 후 자신 또한 그 집을 떠나게 된 상황에서 의연하게 자신을 책임지는 능력—과 그 능력을 사용할 의사가 충분하다. 그럼에도 클라라가 사람이 아니라는 이유로, 그건 사랑이 아니라고 할 수 있을까.

가즈오 이시구로는 인간이 아닌 존재의 존엄성을 표현하는 데 특히 탁월하다. 그는 소설 『나를 보내지 마』에서, 사람에게 장기 이식을 하기 위해 만들어진 복제인간(클론)들이 사람과 다를 바 없이 성장하고, 사랑을 하고, 예술 활동을 하고, 자신의 정체성을 찾기 위해 방황하다가 일정한 시기가 되면 사람에게 장기를 기증하고 죽는 일생을 보여주면서 존엄성이 인간에게 고유한 것인지 묻는다.[31] 나는 10년도 더 지난 어느 날 출근길 지하철 안에서, 복제인간인 캐시가 자신의 '근원자'를 찾기 위해 헛간 같은 곳에 몰래 숨어 포르노 잡지를 뒤적이는 장면에서 느꼈던 슬픔을 아직 기억한다. 캐시와 친구들이 보여주는 존엄이 같은 작가의 소설 『남아 있는 나날』에서 '사람'인 집사 스티븐스가 수없이 외치던 존엄[32]보다 훨씬 강렬했다.

클라라와 캐시가 등장하기 전인 1991년에도 제임스 카메론 감독은 영화 〈터미네이터 2〉에서, 기계인 T-800(아놀드 슈왈츠제네거 분)에게도 사랑에 필요한 책임능력과 의사가 있음을 보여주었다. 비록 T-800이 어린 존 코너(에드워드 펄롱 분)를 보호하도록 프로그래밍되어 있다고 하더라도, 소년이 흘리는 눈물을 기계로 된 손가락으로 만져보고, 소년의 안위에 대한 위험을 제거하기 위하여 스스로 불길 속으로 들어가 자신의 존재를 소멸시키는 행위를, 사랑이 아니라면, 뭐라고 불러야 할까.

룰루 밀러는 『물고기는 존재하지 않는다』에서, '이 세계에는 우리가 이름을 붙여주지 않아도 실재인 것들이 존재한다. 어떤 분류학자가 어떤 물고기의 위에서 걸어가다가 그 물고기를 '물고기'라고 부른다고 해서 그 물고기가 신경이나 쓰겠는가. 이름이 있든 없든 물고기는 여전히 물고기인데…'라고 말했다.[33] 이미 사랑이 존재하고 있는데, '사랑'이라는 이름을 붙이지 않는다고 해서, 또는 그 이름을 붙였다고 해서, 무슨 차이가 있을까. 이름이 있든 없든 사랑은 여전히 사랑인데…

물론 같은 기계인 T-1000(로버트 패트릭 분)은 어린 존 코너의 양부모를 죽이고 어린 존 코너와 사라 코너를 다치게 하고 온갖 물건을 손괴하는 범죄를 저질렀다. T-800도 과거에(영화 〈터미네이터〉에서) 존 코너의 아버지를 죽였다. 하지만 사람이 사랑도 하고 범죄도 저지르는 것처럼, 기계라고 사랑의 능력과 범죄의 능력을 모두 갖지 말란 법은 없다. 학계에서는 이미 인공지능의 형사책임에 관한 연구가 진행되고 있고,[34] 법인의 형사책임에 관한 현행법의 태도에 비추어, 기존의 형사책임 주체가 아닌 존재에 대해서도 법이, 실질적으로는 다수의 사람들이 그렇게 하기로 정하면 형사책임을 인정할 수 있을 것이다. 이를 정하는 주체가 여전히 '사람'이라고 생각하는 것도 과학기술의 발전 속도와 방향을 잘 모르는 탓일 수도 있다.

하지만 사랑의 주체를 사람으로 한정해야 하는지, 또는 사랑의 주체를 사람이 정해야 하는지에 대해서는, 과학기술에 대한 무지는 동일함에도, 망설이게 된다. 마음대로 사랑이라 이름 붙인 것 말고, 사랑의 책임능력과 의사를 갖추고 있는 사랑이라면, 그 주체를 제한할 필요가 있을까.

다다익선과 과유불급 중 하나를 선택해야 한다면, 보수적인 법은 과유불급을 고르겠지만, 사랑은 다다익선을 선택할 것이다.

사랑의 착오와 사기

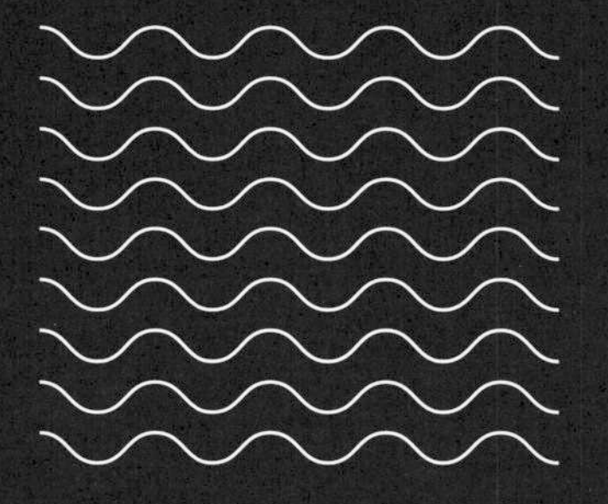

인생은 언제나 그를 속였다 그가 다가가면 발로 차고
그가 도망가면 팔을 잡았다 그가 웃으면 울고 그가 울면
웃었다 그가 망하면 웃고 그가 팔을 쳐들면 웃고 그가
걸어가면 웃고 너를 안을 때뿐이다 인생이 그를 속이지
않은 건 너를 안을 때 해가 질 때 너의 눈을 볼 때
너와 차를 마실 때 그러나 너와 헤어지면 인생은 그를
속였다 추운 골목을 돌아가면 골목의 상점에서 담배를
사면 가로등에 불이 켜지면 인생은 속였다 밤이 오면
아파트 계단을 오르면 작은 방에서 잠을 이룰 수 없으면
밖에 바람이 불면 바람 속에 돌아누우면 잠이 안 와
문득 일어나면 새벽 두 시 캄캄한 무덤에 불을 켜면 무덤
속에 앉아 담배를 피우면 책상 위 전기 스탠드를 켜면
위통이 찾아오면 다시 불을 끄면 캄캄한 무덤 속에 누워
있으면 책상 위의 냉수를 마시면 책상 위의 사과를 먹으면
아아 '나'를 먹으면 아무 소리도 나지 않으면 문득 머언
무적이 울면 새벽 연필을 깎으면 이마에 술기운이 남아
있으면 다시 잠이 안 오면 문득 무섭다는 느낌이 들면
턱을 손에 고이면 떨리는 손으로 일기를 쓰면 돌덩어리
우울 황폐한 새벽 인생은 그를 속였다 인생은 언제나 그를
속였다 그를 속이고 그를 감시하는 인생이라는 놈!

— 이승훈, 「인생은 언제나 속였다」, 『이 시대의 시쓰기』, 시인생각

미군 장교가 피해자와 휴대전화 앱으로 대화하면서 친해진 후 '군인 일이 힘들어 그만두고 한국에 와서 투자를 하고 싶다, 그동안 일하면서 모은 돈을 금고에 보관하고 있는데 이를 당신에게 보낼 테니 내가 전역 후 한국에 갈 때까지 보관해 달라, 믿을 사람이 당신밖에 없다, 금고를 한국에 보내기 위한 운반비용이 필요하다'라고 말하여 피해자로부터 수천만 원을 받아간 사건[35]이 있었다.

결론적으로 미군 장교는 미군 장교가 아니었고, 피해자는 돈을 잃었다. 한국에 간다는 말도 거짓말이었다. '믿을 사람이 당신밖에 없다'는 말도 아마도 거짓말이었을 거라고 생각했지만, 설령 피해자가 속기를 바라는 간절한 마음에서 비롯된 진심이라고 해도 사건의 처분에 영향을 미칠 사정은 아니었다.

이런 유형의 사건을 '비즈니스 스캠' 또는 '로맨스 스캠'이라고 하는데, 해외에서 타인의 소셜미디어 계정을 해킹하거나 허위 인적사항으로 소셜미디어 계정을 만든 다음 그 계정을 이용하여 국내 거주 피해자들에게 무작위로 연락하여 친분을 쌓고, 친구나 연인과 같은 친밀한 관계로 발전시켜 피해자로부터 신뢰를 얻어 이를 기화로 피해자들에게 돈의 대여를 요구하거나 각종 물건 등의 국내 수취를 부탁하며 그 통관비, 운송비 등 명목의 돈을 요구하는 방식으로 피해자를 속여 반복적으로 돈을 편취하는 조직화된 국제 범죄를 의미한다.[36] '비즈니스 스캠'이라는 용어는 피해자에게 돈을 요구하는 구실이 되는 사업이나 비용의 측면에 초점을 맞춘 것이고, '로맨스 스캠'이라는 용어는 그 과정에서 피해자가 느끼게 된 감정이나 신뢰에 초점을 맞춘 것일 뿐, 두 용어가 나타내는 사건의 내용은 유사하다. 내가 위 사건을 기억하는 이유도 그 내용이 독특해서가 아니라 '비즈니스 스캠' 또는 '로맨스 스캠 '사건의 전형적인 내용이기 때문이다.

이런 유형의 사기 사건이 우리나라에만 있는 것도 아니다. 미국에서도 2019년에만 사랑을 이용한 사기 범죄 피해액이 2억 100만 달러에 이르렀다[37]고 한다. 위 사건에서 '미군 장교'는 결국 누구인지 특정되지 않았고, 피해금원을 인출하여 또 다른 불상자에게 전달한 소위 '인출책' 내지 '전달책'들만 처벌되었다. 이러한 사정 또한 이런 유형의 사건들에서 전형적으로 나타나는 특성이다.

비슷한 유형으로 '보이스피싱' 사건이 있다. 검사나 수사관, 금융감독원 직원 등을 사칭하면서 '사기 사건 수사 중에 당신 명의의 대포 통장이 발견되었는데, 당신이 사기단과 공범인지, 아니면 명의를 도용당한 피해자인지 확인해야 하니 적금을 해지해서 금융감독원 직원에게 전달하라'와 같은 거짓말로 피해자로부터 직접 1000만 원이 넘는 돈을 받아가거나,[38] 은행 등 금융기관 직원을 사칭하여 '기존 대출을 갚으면 낮은 이자로 대출을 더 많이 해주겠다'는 거짓말로 피해자의 계좌로부터 수천만 원을 이체받는[39] 식이다.

'로맨스 스캠'이나 '보이스피싱'이나 주로 휴대전화를 이용하여 거짓말로 피해자를 속인다는 점, 피해자가 거짓말을 하는 사람들 전부 또는 일부를 직접 만나지 못한다는 점 등 범죄의 수법이 비슷하고, 사건을 수사하는 사람 입장에서는 두 가지 유형 모두 사기로 처벌되는 사건일 뿐이다.

우리 형법은 사기죄를 '사람을 기망하여 재물의 교부를

받거나 재산상의 이익을 취득'하는 경우에 성립한다고 규정하고 있다. 여기서 '기망'은 널리 재산상의 거래관계에서 서로 지켜야 할 신의와 성실의 의무를 저버리는 모든 적극적 또는 소극적 행위[40]를 의미한다. 앞에서 언급한 사건에서 피의자가 자신을 미군 장교라고 거짓말한 것, 금고를 한국에 보낼 운반비용이 필요하다고 거짓말한 것 모두 기망에 해당한다. '로맨스'라는 명칭은 이런 유형의 사기 사건에서 피해자로 하여금 친구나 연인 같은 감정을 느끼게 하는 것이 주요한 기망행위라는 것을 직관적으로 보여준다.

일반적으로 사기를 거짓말과 거의 동의어로 사용하는 사회적 언어 습관에 비추어볼 때 기망이 사기죄의 핵심 구성요건요소이기는 하나, 사기죄가 성립하기 위해서는 다른 요건도 필요하다. 대법원은 이를 '사기죄는 타인을 기망하여 착오에 빠뜨리고 그로 인하여 피기망자(기망행위의 상대방)가 처분행위를 하도록 유발하여 재물 또는 재산상의 이익을 얻음으로써 성립하는 범죄이다. 따라서 사기죄가 성립하려면 행위자의 기망행위, 피기망자의 착오와 그에 따른 처분행위, 그리고 행위자 등의 재물이나 재산상 이익의 취득이 있고, 그 사이에 순차적인 인과관계가 존재하여야 한다'[41]라고 설명한다.

이렇게 사기죄가 성립하기 위해서 입증되어야 할 구성요건요소가 많다보니, 사기는 검사들에게 크게 환영받는 사건은 아니다. 많은 검사들이 매일 오후 배당된 기록의 죄명과 두께를 확인하는 과정에서 사기나 횡령 등 재산범죄 사건이 많으면 한숨을 쉬기도 한다. 물론 무전취식으로 인한 사기 사건과 같이 기록이 얇고 사실관계가 단순한 사건도 많지만, 검사가 잘 알지 못하는 분야, 특히 새로운 기술과 사회적 환경의 빠른 변화와 관련된 분야인 경우, 과연 기망이 있는지, 있다면 무엇이 기망인지부터 판단하기 쉽지 않다.

검사들의 환영 여부와는 별개로, 사기 사건은 대부분의 검사들에게 가장 흔한 사건이기도 하다. 검찰은 노동, 강력, 성폭력 등 특정한 사건 전담 별로 부서를 배치하고 사건을 배당하지만, 사기 전담을 별도로 두는 경우는, 내가 검사로 일하는 동안에는 보지 못했다. 그 이유는 사기 사건이 중요하지 않아서가 아니라, 오히려 그 반대이다. 사기 사건은 검찰에 접수된 사건 중 단일 유형의 범죄로서는 가장 많은 비중을 차지[42]하는데, 발생 건수가 가장 많다는 사실은 그만큼 많은 사람들의 삶에 영향을 미치고 있다는 뜻이므로, 그 자체로 중요한 범죄라고 할 것이다.

그러나 리처드 애튼버러 감독의 영화 〈새도우랜드〉에서 C. S. 루이스(앤서니 홉킨스 분) 형제가 늦은 밤 집으로 돌아오는 길에 하늘을 올려다보면서 '별이 너무 많아 혼란스럽군(Too many stars confused me)'이라고 말하는 것처럼, 전담을 따로 둘 필요 없이 많은 사기 사건은 검사들을 그 중요성에 관하여 혼란을 느끼게 하기도 한다. 전담이 없다는 점에서 전문적인 인상을 주지 못하는 것도 하나의 이유지만, 검사로 근무한 기간이 길어질수록 중요한 사건의 기준이 사건의 중요성만은 아니라는 사실을 알게 되기 때문이기도 하다.

사실의 착오

나에게도 사기 사건들은 기망의 내용 및 난이도의 다양성에도 불구하고 들이는 시간과 노력에 비해서 보상이 별로 없는 '사기 사건'이라는 하나의 이미지 안에서 개별적인 차이를 갖지 않았으나, '로맨스 스캠' 사건 기록을 볼 때면 피해자의 입장에서는 차이가 있겠다는 생각을 하곤 했다. '로맨스 스캠'이 비슷한 유형의 범죄인 '보이스피싱'과 구별되는 특징은 피해자로 하여금 상대방에게 사랑이나 우정과 같은 감정, 즉 '로맨스'라고 할 수 있는 특별한 감정을 느끼게 한다는 점이다. 수사기관에게는 '로맨스'를 불러일으키는 언행이 사기죄의 구성요건요소로서 입증해야 할 기망이라는 점에서 다른 사건과 차이가 없지만, 피해자에게는 '보이스피싱'이나 다른 사기 사건에서는 느끼지 않는 '로맨스'를 느낀다는 차이가 있다. 나는 이러한 차이가 사기죄의 다른 구성요건요소인 '착오'와 관련이 있다고 생각한다.

사기죄는 피해자가 타인의 거짓말로 인해 '착오'에 빠진 상태에서 돈을 주는 등 재산상 처분행위를 해야 성립한다. 따라서 사기꾼이 열심히 거짓말을 하고 내가 사기꾼에게 돈을 주었더라도, 내가 사기꾼의 말이 거짓임을 알면서도 그 노력이 가상하거나 자꾸 말을 거는 게 귀찮아서 '먹고 떨어져라'는 심정으로 돈을 준 것이라면 사기죄는 성립하지 않는다. 사기꾼 입장에서는 거짓말을 하고, 돈을 얻었으니 아무런 차이가 없다. 나는 돈을 잃었지만, 내가 돈을 잃은 진짜 이유가 사기꾼의 거짓말 때문이 아니라는 사실을 알고 있다는 점에서 차이가 있다. 즉 '착오'에 빠지지 않은 사람은 돈을 잃어도 사기죄의 피해자가 될 수 없다.

그렇다면 '로맨스 스캠' 사건의 피해자는 착오에 빠진 것일까. 착오에 빠진 것이라면, 그건 어떤 착오일까.

같은 부 검사들이나 같은 방 수사관, 실무관과 '로맨스 스캠' 사건 이야기를 하면 공통적으로 '피해자를 이해할 수 없다'는 말을 듣게 된다. 직접 만난 적 없는 사람과 휴대전화를 이용한 대화만으로, 더욱이 서로 상대방의 언어가 유창하지 않아 번역기의 도움을 받아야 하는 상태에서, 어떻게 상대방을 연인이나 친구로 생각할 수 있는지 이해할 수 없다는 것이다. 동료들은 '로맨스 스캠' 사건의 사기죄 성립에 의문을 표시하는 것이 아니었다. 사기임이 너무나 명백해서 이를 믿는 것이 더 어렵지 않느냐는 것이었다. 동료들이 그렇게 표현하지는 않았지만, 이를 사기죄의 구성요건과 관련하여 말하자면, 기망이 너무 완벽한 경우 피해자의 착오 가능성은 오히려 낮아지지 않을까.

나는 고등학교 때 중국 칭다오에 사는 여학생과 서툰 영어로 펜팔을 한 적이 있다. 물론 실제로 만나거나 전화 통화를 한 적은 없지만, 그 친구에게 코팅한 단풍잎 같은 선물을 보내기도 하고, 그 친구가 더 이상 편지를 보내지 않게 된 시점에 처음엔 화가 났다가 나중에는 무슨 일이 있나 걱정이 되는, 진짜 친구 같은 감정을 느꼈다. 데이비드 휴 존스 감독의 영화 〈84번가의 연인〉에서 한 번도 만나지 못한 미국의 작가(앤 밴크로프트 분)와 영국의 서점 직원(앤서니 홉킨스 분)이 편지를 주고받으면서 연인과 같은 애틋함을 느끼는 데, 나만 공감한 건 아니었으리라. 보니 가머스의 소설 『레슨 인 케미스트리』에서 엘리자베스가 '사람들은 언제나 복잡한 문제에 대하여 단순한 해결책을 원하기 때문에 실제로 보거나 만지거나 설명하거나 바꿀 수 없는 것을 믿는 것이 훨씬 더 쉽다'[43]고 말했을 때, 나는 종교를 떠올렸다.

그래서 나는 사랑이나 우정을 느끼는 데 반드시 상대방을 대면할 필요는 없고, 실제로는 회피일지라도 복잡한 문제에 대한 해결을 위해 직접 보거나 만질 수 없는 대상을 믿을 수도 있다고 생각했지만, 그런 생각을 얘기하지는 않았다. 그 당시 동료들을 신뢰하지 않았기 때문이 아니라, 그런 이야기를 할 때가 대체로 점심시간이었기 때문이다. 대부분의 직장인이 그렇듯이 나는 동료들과 함께 밥과 커피 앞에서 시답잖은 농담을 하면서 쉬는 시간에 일 얘기를 하는 것을 좋아하지 않았다. 지금 생각해보니 내가 그런 생각을 얘기했더라면 동료들은 일 얘기가 아니라 시답잖은 농담으로 받아들였을 것 같다. 지금 생각해보니 나는 다른 직장인들이 점심시간을 어떻게 보내는지 잘 몰랐으면서 왜 나의 행태를 대부분의 직장인과 같다고 생각했는지 모르겠다.

처음에 얘기한 사건에서 피해자가 착오에 빠진 것은 사실이다. 피해자는 '미군 장교가 아닌 사람을 미군 장교라고 생각하는 착오'에 빠졌다. 물론 피해자와 대화한 사람이 누구인지는 끝내 밝혀지지 않았으므로, 그 사람의 직업이 정말 전/현직 미군 장교인지 아닌지는 알 수 없으나(어떤 직업이든 범죄를 저지를 수 있다는 점에서 미군 장교도 예외는 아니다), 이는 우리 법이 형사재판에서 범죄에 대한 입증의 정도로 합의한 합리적 의심의 범위를 넘어서는 것이므로, 그 사람이 미군 장교가 아니라는 결론을 내는 데는 무리가 없다.

감정의 착오

그러나 피해자의 처분행위, 즉 돈을 지출한 결정적인 이유는 미군 장교에게 사랑이나 우정과 같은 감정을 느꼈기 때문이다. 즉 피해자의 처분행위의 직접적인 원인은 사랑이나 우정, 또는 그로부터 유래한 구체적인 감정, 예컨대 사랑하는 사람에게 힘이 되어주고 싶다거나 도움이 필요한 친구를 도와주고 싶다는 감정 같은 것이다. 이미 사랑이나 우정을 느낀 이상, 상대방이 미군 장교든 러시아-우크라이나 전쟁에 파견된 의사든 나이지리아의 사업가든 상관없다. 어쩌면 상대방의 직업이 미군 장교라는 사실이 사랑이나 우정의 전제 조건이고 그 조건이 성취되지 않았으므로 피해자가 느낀 사랑이나 우정은 무효라고 할 수도 있겠다. 그러나 감정은 법률행위와 달라 소급하여, 즉 처음부터 없었던 것처럼 될 수는 없다. 그리고 사랑이나 우정이 잘난 사람에 대한 동경뿐만 아니라 못난 사람에 대한 '짜안해지는' 연민이나 안쓰러움에서 비롯하는 경우도 있음을, 비록 나중에 '누구에게 속은 것인지, 도무지 알 수가 없어서' 후회하더라도, 부정할 수 없다.

햇볕에 드러나면 짜안해지는 것들이 있다
김이 모락모락 나는 흰 쌀밥에 햇살이 닿으면 왠지 슬퍼진다
실내에 있어야 할 것들이 나와서 그렇다
트럭 실려가는 이삿짐을 보면 그 가족사가 다 보여 민망하다
그 이삿짐에 경대라도 실려 있고, 거기에 맑은 하늘이라도 비칠라치면
세상이 죄다 언짢아 보인다 다 상스러워 보인다

20대 초반 어느 해 2월의 일기를 햇빛속에서 읽어보라
나는 누구에게 속은 것인지, 도무지 알 수가 없어진다

나는 평생을 2월 아니면 11월에만 살았던 것 같아지는 것
이다

——

이문재, 「햇볕에 드러나면 슬픈 것들」, 『바보 성인에 대한 기억(제47회 현대문학상 수상시집)』, 현대문학

피해자가 느끼는 사랑이나 우정과 같은 감정 자체는 이를 느끼게 된 계기인 전제 사실과는 독립적으로 존재한다. 피해자는 자신이 어떤 감정인지 알고 있으므로, 자신의 감정에 대한 '착오'에 빠져 있지 않다. 적어도 상대방이 자신의 돈을 노리고 거짓말을 했다는 사실을 깨닫고 그에 대한 분노로 그동안의 감정을 부정하거나 감정이 스스로 소멸하기 전까지는 '나만이 그를 알고 있고, 나만이 그를 진실 속에 존재케 하며, 내가 아닌 그 누구도 그를 알지 못한다'[44]고 생각한다. '금고를 한국에 보내기 위한 운반 비용'과 같이 다른 사람에게 하기 어려운 부탁을 하는 것은 나에 대한 신뢰의 표시라고 생각한다. 롤랑 바르트가 『사랑의 단상』에서 간파한, 사랑하는 사람이 사랑하는 이를 자신만이 '그 진실 속에서' 파악한다고 믿는 현상은 '로맨스 스캠'의 피해자에게만 국한되는 특성이 아니라 사랑의 일반적 속성이다.

'로맨스 스캠' 사건의 피해자에 대하여 자주 제기되는 또 다른 의문은 왜 가족이나 다른 사람과 먼저 상의하지 않았느냐는 것이다. 이는 착오의 회피 가능성에 관한 의문이라 할 수 있다. 상대방의 기망에 의해 착오에 빠지기 전에 믿을 수 있는 사람에게 자문을 구함으로써 착오를 회피하는 것은 이론적으로도 실제적으로도 가능하다. 그러나 사랑의 뚜렷한 특징 중 하나는 주관성이므로,[45] 피해자는 가능성과 무관하게 자신의 결정에 앞서 다른 사람에게 의견을 구하거나 그 의견을 따를 이유가 없다. 어쩌면 상의할 만한 가족이나 친구가 없거나 이러저러한 사정으로 상의할 수 있는 상태가 아닐 수도 있고, 그러한 사정이 얼굴 한 번 못 본 사람에 대하여 사랑이나 우정을 느끼게 된 이유가 되었을 수 있지만, 이 또한 이미 느낀 사랑이나 우정이라는 감정 자체를 착오라 할 것은 아니다.

'로맨스 스캠'의 피해자가 느낀 감정이 착오가 아니라고 해도 그러한 점이 사건의 처분에 영향을 미치지는 않는다. 사기죄에서의 착오는 법률행위의 내용에 관한 착오이든 동기에 관한 착오이든 상관없기 때문이다.[46] 피해자가 '미군 장교가 아닌 사람을 미군 장교로 생각하는 착오'는 사랑이나 우정을 느끼게 된 '동기에 관한 착오'로 볼 수 있기 때문에 사기죄의 구성요건을 충족하는 데는 문제없다. 다른 사기죄 사건과 마찬가지로, '로맨스 스캠'이 사기죄로 인정되는지 여부는 사기죄의 모든 구성요건요소가 입증되느냐에 좌우되는 것이지, 피해자가 느낀 감정이 착오이냐 아니냐와는 상관없다. 사건의 처분에 직접적인 영향을 미치지 않는다면, '로맨스 스캠' 사건의 피해자가 느낀 감정이 착오인지 아닌지를 구별할 필요도 없지 않을까.

그럼에도 불구하고 나는 '로맨스 스캠'에서 피해자의 착오를 구별할 필요가 있다고 생각한다. 즉 피해자는 사랑이나 우정이라는 감정을 느끼게 된 동기나 그 전제사실에 대해서 착오에 빠졌으나, 피해자가 느낀 감정 자체는 착오가 아니다. 스콧 피츠제랄드의 소설 『위대한 개츠비』에서, 개츠비가 데이지의 결혼 생활이나 남편과의 관계에 관한 사실을 착오했다고 하더라도, 데이지에 대한 개츠비의 사랑은 착오가 아니었고, 그 사랑을 비난할 수 없는 것과 같다. 피해자가 누군가의 다정한 말 한 마디가 절실한 상태였는데 그때 사기꾼의 다정한 말에 사랑을 느꼈다면, 안타까울 수는 있어도 적어도 비난할 일은 아니다. 사실 딱히 힘든 상태가 아니라도 다정한 말은 종종 사랑을 불러일으키지 않나.

피해자를 가장 비난하는 사람은 바로 피해자 자신

이렇게 사랑이나 우정과 같은 감정을 느끼게 된 동기 내지 전제사실에 대한 착오와 그 감정 자체를 구별하여 피해자가 느낀 감정은 착오가 아니라고 하는 것은 순전히 실용적인 목적을 위한 것이다. 즉 피해자를 비난하지 않기 위함이다. 나와 내 동료들이 그랬던 것처럼, 누군가를 '이해할 수 없다'라고 말하는 것은 대체로 그 사람에 대한 약간의 비난을 포함한다. 성범죄 피해자에 대하여 '그때 왜 싫다고 하지 않았는지 이해할 수 없다'라고 말하는 것은, 말하는 사람에게 피해자를 비난할 명시적 의도가 없다고 하더라도, 피해자를 비난하는 것처럼 들리는 것과 마찬가지다.

피해자를 비난하지 않기 위한 목적에는 피해자로 하여금 자책하지 않게 하는 것도 포함된다. 사실 피해자를 가장 비난하는 사람은 피해자 본인이다.

'보이스피싱' 사건을 수사하다가 송치된 기록에 포함되지 않은 피해자가 더 있다는 것을 알게 되었다. 이러저러한 방법으로 피해자를 특정한 후 전화를 하여 피해사실을 진술하도록 권유했으나, 그 피해자는 '내가 멍청해서 당한 것을 신고해봤자 무슨 소용이냐, 내가 바보라는 것만 광고하는 셈이다, 그래서 가족들한테도 말도 못했는데 신고하면 다 알려질 거 아니냐'라는 이유로 끝내 진술하지 않았다. 전화기 너머 그 피해자의 목소리와 한숨에서 자신에 대한 깊은 자책이 느껴져서, 그 피해자에게 전화한 나를 자책할 뻔했다. 자책은 바닥이 없는 구멍과 같아서 한 번 빠지면 더 깊이 빠지게 된다. 어떤 피해자는 결국 자살하기도 한다.[47]

범죄의 피해자들은, 특히 성범죄나 '로맨스 스캠', '보이스피싱' 같이 황당한(?) 사기 사건의 피해자들은, 자책하기 쉽다. 그러나 미국의 국방부장관이었던 제임스 매티스가 '테라노스'에 사기를 당한 사실에 대하여 말한 바와 같이, '때때로 우리 모두는 어떤 것에 속을 수 있다(Once in a while, we can all be fooled by something)'.[48] '테라노스'는 '차세대 스티브 잡스'라고 각광받았던 엘리자베스 홈스가 창업한 혈액검사 스타트업 회사로, 그녀는 피 몇 방울로 질병을 진단할 수 있다는 거짓말로 투자를 받았다가 2022년 11월 18일 징역 11년을 선고받았다.[49]

미국의 심리학자인 대니얼 사이먼스와 크리스토퍼 차브리스는 최근작 『당신이 속는 이유(NOBODY'S FOOL)』에서, 적당한 상황과 기망이 주어지면 누구나 속을 수 있다[50]고단언하였다. 내가 수사했던 P2P투자 사기 사건의 피해자들 중에 그 당시 다른 검찰청에 재직 중이던 검사도 있었다. 다른 검사로부터 어느 지방법원 지원장도 '보이스피싱'을 당했다는 이야기를 처음 들었을 때나 '보이스피싱' 사건 기록에서 변호사, 의사 등 소위 전문직 피해자를 처음 봤을 때는 신기했으나, 몇 번 반복되니 '직업에는 귀천이 없다'는 말을 형사법적으로 이해하게 되었다.

형사사법제도는 실체적 진실을 밝히고 범죄자에게 죄에 상응하는 형벌을 부과함으로써 정의를 실현하는 것을 목적으로 한다. 근래에는 이에 더하여 피해자를 보호하는 것도 국가의 중요한 책무로 인식되고 있다. 피해자 보호의 출발점은 피해자를 비난하지 않는 것이다. 사기 사건에서 피해자가 어떻게 속았는지보다는, 남들이 보기에는 황당한 상황에서 왜 상대방을 신뢰하고, 나아가 사랑이나 우정과 같은 감정을 느끼게 됐는지보다는, 사기꾼이 피해자를 속여서 이익을 얻은 행위에 보다 관심을 갖는 것이 사건의 적절한 처분은 물론 피해자에 대한 불필요한 비난 방지에도 도움이 될 것이다. 어니스트 헤밍웨이의 소설 『가진 자와 못 가진 자』에서 제기하는 소박하고 강력한 의문처럼, 사기꾼은 '왜 정직하고 품위있게 돈을 벌지 않는가?'[51]에 집중하는 것이 어떨까.

누구나 속을 수 있기 때문에 속은 사람이 아니라 속인 사람을 비난해야 한다는 원칙은 착오가 한 단계에서 끝나는 경우는 비교적 지키기 쉽다. 그러나 속은 사람이 그 상태로 또 다른 사람을 속이게 될 경우, 즉 착오가 해소되지 않은 상태로 다른 착오를 일으킨 경우, 위 원칙을 견지하기는 쉽지 않다. 피해자가 자신의 피해에 대해서는 피해자이면서 다른 사람의 피해에 대해서는 가해자가 되는 사건이 그런 경우로, 피해자의 착오가 또 다른 피해자의 착오를 불러일으키는 것이다. 이를 '착오의 사슬'이라고 할 수도 있겠다.

'보이스피싱' 사건에서 현금인출책이 가장 많이 하는 주장이 '나도 속았다'인데, 대출을 받으려고 했다거나[52] 스포츠 토토에 사용되는 줄 알고 통장을 건네주었다거나[53] 해외 취업을 검색하던 중 마카오에서 일할 기회를 준다는 광고를 보고 연락했다거나[54] 등 이유는 다양하다. 현금인출책에게 돈을 건넨 '진짜 피해자' 입장에서는 강우석 감독의 영화 〈실미도〉에서 강인찬(설경구 분)이 '비겁한 변명입니다'라고 외치던 심정과 같을 것이나, 피해자나 현금인출책이나 누군가에게 속았고, 착오를 일으켰다는 점은 공통적이다. 실제로 '보이스피싱' 사건에서 현금인출책에 대하여 무죄가 선고되는 경우가 적지 않은데, 무죄 이유의 대부분은 고의가 없다는 것으로, 이러한 판단에 많이 고려되는 사정이 현금인출책 또한 다른 사람에게 속았다는 점이다. 심지어 현금인출책과 피해자 모두 '거래실적을 쌓아 대출을 받도록 해주겠다는 보이스피싱 사기범의 말에 속은'[55] 것처럼 똑같은 내용의 거짓말에 속기도 한다.

진짜 피해자

이러한 '착오의 사슬'은 다단계 사건이나 유사수신 사건에도 많이 존재한다. 실제로는 인터넷 쇼핑몰을 운영하여 수익을 낸 사실이 없었고, 오직 투자자들의 투자금만을 수입원으로 하여 기존 투자자들에게 원금과 고율의 수당을 지급하는 소위 '돌려막기'를 하고 있음에도 '인터넷 쇼핑몰에서 55만 원 상당의 상품을 구매하면 판매원으로 등록을 시켜주고, 하위판매원을 모집하여 매출이 3000만 원 이상이면 팀장, 5억 원 이상이면 국장, 10억 원 이상이면 본부장으로 승진시켜주면서, 각 직급에 따라 매출의 일정 비율을 수당으로 지급하겠다'고 거짓말하여 2,000명이 넘는 피해자들로부터 합계 100억 원 넘게 편취한 사건[56]에서, 위 인터넷 쇼핑몰 회사의 '대표이사' 혼자서 위와 같이 수많은 사람들을 대상으로 범행을 하기는 어렵다. 대표이사 밑에 본부장, 국장, 팀장, 판매원이 각자의 수당과 진급을 위해서 새로운 피해자들을 경쟁적으로 포섭하는 과정에서 단기간에 많은 피해자들이 발생하는 것이다. 그런데 피해자에게 직접 위와 같은 거짓말을 한 '판매원'은 수사가 개시되면 자신 또한 '팀장'에게 똑같은 거짓말을 듣고 속았다고, 자신도 투자했다가 손해를 봤다고 말한다. '팀장' 또한 '국장'에게, '국장'은 '본부장'에게, '본부장'은 '대표이사'에게 속았다고 주장한다. 계급의 피라미드가 거짓말의 발원지를 찾는 루트가 되는 것이다. 각자의 말이 사실이라고 가정할 때, 피해자도 피해자를 속인 사람도 똑같은 거짓말에 의해 착오에 빠진 것이다.

똑같이 착오에 빠진 사람들 중에서 피해자를 가려내는 기준은 누가 재산상 손해를 입었느냐이다. 사기죄의 구성요건요소 중 하나는 피해자의 재산상 처분행위로 인하여 가해자가 재물이나 재산상 이익을 취득하는 것이다. 즉 '팀장'이 '국장'에게 속아 돈을 투자했다고 하더라도, 그 후 다른 사람들에게 자신이 믿은 거짓말을 반복하여 그 대가로 '팀장'이 되고 수당을 통해 투자금과 비슷한 또는 그 이상의 수익을 얻었다면 '팀장'은 피해자가 아니게 된다. 그렇다고 '팀장'이 언제나 피해자들에 대한 사기죄에서 가해자로 처벌을 받는 것도 아니다.

다단계 조직을 이용한 사기 사건과 같이 범행에 가담한 사람들이 많고, 그 사람들 사이에 위계가 있을 경우 위와 같이 피해자도 가해자도 아닌 사람들이 필연적으로 존재하게 된다. '최종 보스'가 아닌 범행의 가담자들은 자신들 또한 상급자의 거짓말에 속아 그 말이 사실인 줄 알고 다른 사람들에게도 똑같이 말한 것에 불과하다고 주장하고, 수사기관은 가담자들 중 어느 범위까지 피의자로 입건할지, 입건된 사람들 중에서도 누구까지 기소할지 고민한다. 이러한 과정을 거쳐 기소하더라도 재판에서 종종 무죄가 선고되는데, 무죄의 이유 또한 수사기관이 입건 및 기소 범위를 고민하는 이유와 같은 경우가 많다. 즉 '피고인 역시 투자를 권유한 G, L(M), K 등에 속았고, 이를 사실로 믿고 피해자에게 투자를 권유하였을 가능성을 배제할 수 없다'[57]는 식이다.

1년 동안 근무했던 어느 검찰청에 발령받은 후 전임 검사로부터 몇몇 수사 중인 사건들에 대한 인수인계 사항을 전달받았다. 그 중 태양광발전소를 설치해준다는 명목으로 돈을 편취한 사건이 있었는데, 피의자들은 범행에 이용된 여러 회사를 설립하고, 본사의 '회장' 및 '부회장' 아래 본사의 전무, 지사장, 과장, 영업사원으로 이루어진 조직을 갖추고 전국적으로 활동하였다. 주범인 회장과 부회장은 이미 전임 검사가 기소해서 재판을 받고 있었고, 내가 근무하는 동안 경찰이 송치한 8명을 기소하여, 위 사건에 대해서는 총 10명이 기소되어 재판을 받게 되었다. 내가 근무하는 동안 수회 추가 기소 및 공소장 변경이 이루어졌고, 마지막 공소장 변경 당시 피해자는 770명이 넘었고, 피해금액은 700억 원이 넘었다.

전임 검사의 인수인계 사항 중에는 주범 2명을 제외하고 송치할 피의자들은 직급을 기준으로 나누기로 경찰과 협의를 했다는 내용이 포함되어 있었다. 그 후 송치되는 피의자들은 모두 지사장 이상 직급을 가진 사람들이었고, 과장이나 영업사원은 불송치되었다. 나는 지사장 이상의 간부급 가담자들은 태양광발전소 사업의 실체나 진행 정도에 관한 정보에 접근할 수 있었고, 수당 등 명목으로 받은 이익도 많아, 합리적인 기준이라고 생각했다. 그러나 범행 관련 회사의 대표이사, 본사의 전무, 지사장 등 8명의 피의자들 모두 조사 과정에서 '회장'의 말을 믿었을 뿐이라고 주장하여, 8명에 대한 피의자신문조서의 내용이 모두 비슷했다. 그 후

1심 법원에서 위 8명의 피의자들을 포함하여 기소된 10명에 대하여 모두 유죄가 선고[58]되었으나, 다단계조직을 이용한 사건에서 '본부장', '지점장' 등 간부급인 피고인에게도 무죄가 선고된 사례[59]도 있어, 그들의 주장을 완전히 터무니없는 것이라 일축하기는 어렵다.

'착오의 사슬'은 피해자들 사이를 균열시키기도 한다. 사기 조직의 하부 직원의 거짓말에 속아 돈을 투자한 피해자가 가족이나 지인에게 투자를 권유하여 그 가족이나 지인이 돈을 투자한 경우, 피해자나 그 가족, 지인 모두 돈을 잃었다는 점에서 똑같은 피해자들이지만, 나중에 투자한 가족이나 지인이 그 조직의 하부 직원조차 만난 적이 없고 순전히 피해자의 말만 듣고 투자한 것이라면, 최초의 피해자는 판매원의 거짓말을 믿어 고의도 없고 재물이나 재산상 이익을 취득하지도 않아 사기죄로 형사처벌을 받지는 않는다고 하더라도 가족이나 지인의 착오를 유발하여 돈을 잃게 만든 사실은 분명하다. '착오의 사슬'이 초래하는 피해자들 사이의 시간적 선후관계가 법적으로는 의미가 없을지라도, 사실상 피해자들 사이의 오랜 관계를 파탄시킬 정도의 의미를 가질 수도 있다.

윌리엄 셰익스피어의 희극 『십이야』에서 올리비아는 남

장한 바이올라(세자리오)가 남자라는 착오에 빠져 바이올라를 사랑하게 되었지만, 바이올라가 여자라는 사실이 밝혀져 그 착오가 해소된 후 바이올라의 쌍둥이 오빠인 세바스찬을 사랑하게 되어 결혼하는 해피엔딩을 맞는다. 사랑의 착오가 피해자를 자책하지 않게 하면서 진정한 사랑을 찾는 계기가 되는 일은 문학작품 속에서만 가능한 것일까.

사랑의 착오가 종종 돈도 잃고 사랑도 잃게 하는 엄혹한 현실이지만, 그래도, 착오가 무서워 사랑에 안 빠지랴.

사랑의 방법과 학대

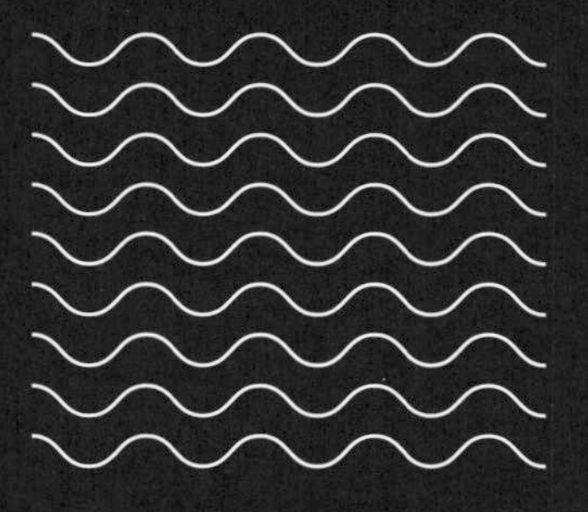

아기가 아기가
가겟집에 가서
"영감님 영감님
엄마가 시방
몇 시냐구요."
"넉 점 반이다."

"넉 점 반
넉 점 반."
아기는 오다가 물 먹는 닭
한참 서서 구경하고.

"넉 점 반
넉 점 반."
아기는 오다가 개미 거둥
한참 앉아 구경하고.

"넉 점 반
넉 점 반."
아기는 오다가 잠자리 따라
한참 돌아다니고.

"넉 점 반
넉 점 반."
아기는 오다가
분꽃 따 물고 니나니 나니나
해가 꼴딱 져 돌아왔다.

"엄마
시방 넉 점 반이래."

— 윤석중, 『넉 점 반』, 창비

찰스 디킨스는 1861년에 출간한 소설 『위대한 유산』에서 '아이들이 존재하는 작은 세상에서, 누가 그들을 키우건, 부정의만큼 잘 인식되고 느껴지는 것은 없다.'[60]라고 말했다. 주인공 핍이 '나는, 말을 할 수 있을 때부터, 누나가 변덕스럽고 폭력적인 강압으로 나를 부당하게 대한다는 것을 알았다. 누나가 나를 키운다는 사실이 그녀에게 나를 그렇게 키울 권리를 주지 않았다는 깊은 확신을 가졌다.'[61]라고 말한 사실에 비추어, 당대 아동의 양육과 관련된 현실이 '말을 할 수 있는' 아동이라면 누구나 부당하다는 것을 알 정도였음을 짐작할 수 있다.[62]

그로부터 100년 이상이 지나 출간된 도리스 레싱의 소설 『다섯째 아이』에서 해리어트와 데이빗은 그들의 다섯

째 아이이자 장애를 가졌다고 생각하는 벤을 '진짜 아이' 라고 생각하지 않고, '물건, 괴물, 외계인, 고블린, 개(thing, monster, alien, goblin, dog)' 등으로 지칭함으로써 아예 사람으로도 인식하지 않는 태도를 보인다.[63] 훨씬 완화된 어조이기는 하나, 2017년에 출간된 이민진의 소설 『파친코』에서 에츠코는 자신의 세 아이를 똑같이 사랑하지 않는 것에 대하여, 엄마가 되어보니 이러한 '감정적 부정의(emotional injustice)'가 불가피하다고 변명하기도 하였다.[64]

나는 두 아이의 엄마로서 고통받는 아이들이 문학 작품에서만 존재하기를 바라지만, 17년 7개월간 검사로 일한 경험에 비추어 위 소설들이 그리는 '현상'이 존재한다는 사실을 부정할 수 없다. 그 '현상'을 법적으로 개념화한 것이 아동학대라 할 수 있다.

우리나라에서 아동학대가 무엇인지는 기본적으로 아동복지법에 따라 정해진다. 아동복지법 제3조 제7호는 아동학대를 '보호자를 포함한 성인이 아동의 건강 또는 복지를 해치거나 정상적 발달을 저해할 수 있는 신체적 · 정신적 · 성적 폭력이나 가혹행위를 하는 것과 아동의 보호자가 아동을 유기하거나 방임하는 것을 말한다'고 규정하고, 제17조는 '금지행위'라는 제목 아래 아동학대의 구체적인 유형을 예시하고 있다.

그 중 수사기관 및 법원에서 자주 볼 수 있는 유형은 제17조 제2호의 '아동에게 음란한 행위를 시키거나 이를 매개하는 행위 또는 아동을 대상으로 하는 성희롱 등의 성적 학대행위', 제3호의 '아동의 신체에 손상을 주거나 신체의 건강 및 발달을 해치는 신체적 학대행위', 제5호의 '아동의 정신건강 및 발달에 해를 끼치는 정서적 학대행위', 제6호의 '자신의 보호 · 감독을 받는 아동을 유기하거나 의식주를 포함한 기본적 보호 · 양육 · 치료 및 교육을 소홀히 하는 방임행위' 등이다.

아동학대의 정의부터 구체적인 유형까지 아동복지법의 조항은 읽어보면 그럴 법하지만, 돌아서면 배고픈 청소년기처럼, 무슨 뜻인지 잘 이해가 안 된다. 나는 앞의 글에서 '이해가 안 된다'고 말하는 것은 상대방에 대한 약간의 비난을 포함한다고 썼는데, 그렇다, 나는 입법자를 약간 비난하고 있다. '신체의 건강 및 발달을 해치는' 것은 어떤 것인지, 더욱이 '정신건강 및 발달에 해를 끼치는' 것은 어떤 것인지, '소홀히' 한다는 것은 어느 정도인지 등 18년 가까이 검사였고, 아동학대를 주제로 박사학위까지 취득한 나도 구체적인 사건에서 아동학대 여부를 판단하는 것은 쉽지 않았다.

예컨대, 주먹으로 아동의 얼굴을 때려서 코피를 나게 한 경우 아동의 신체에 손상을 주었으니 신체적 학대행위라 하겠으나, 그 아동이 다른 사람을 해치려고 하는 급박한 상황에서 이를 제지하기 위한 행위였다면 어떨까. 만약 그 아동의 체구가 작아 단순히 팔을 붙잡는 것만으로도 제지할 수 있는 정도였다면 또 어떨까. 편의점에서 계산을 하지 않고 몰래 물건을 가져가는 아동에게 '이 도둑놈아'라고 말하는 것은 그럴 수 있을 것 같지만, 만약 그 아동이 어려운 환경 탓에 며칠 밥을 못 먹은 동생을 위해 삼각김밥 하나를 가져가려 한 것이라면, '도둑놈'이라는 말은 그 아동의 정신건강에 해를 끼치는 정서적 학대행위가 될 수 있지 않을까. 만약 그 아동이 며칠째 계속 훔쳐간 거라면 또 어떨까.

아기의 냄새

위와 같은 구성요건의 모호함 외에도, 비슷한 사실관계에서도 상황에 따라 아동학대 여부에 대한 판단이 달라질 수 있다는 점이 아동학대 사건을 어렵게 만드는 또 하나의 이유이다. 아동학대 전담 업무를 맡고 있던 때, 혼자 아기를 키우는 엄마가 아기에 대한 신체적 학대 혐의로 입건되어 송치되었다. 아기는 돌도 되지 않았는데, 기록에 첨부된 사진에 의하면 얼굴을 포함한 머리의 절반 이상에 시커먼 멍이 들어 있었고, 키와 몸무게도 또래 아기의 평균에 미치지 못했고, 집안 곳곳에 곰팡이가 피어 있었다. 더구나 그 사건은 아기를 진료한 의사의 신고로 수사가 개시되어, 수사의 경위에도 의심할 점이 없었다. 아동학대범죄의 처벌 등에 관한 특례법은 어린이집 등 보육교직원, 교사, 학원 강사, 의료인 등 일부 직업군에 대하여 아동학대범죄를 알게 된 경우나 그 의심이 있는 경우 즉시 신고할 의무를 부과하고 있다.

아기 엄마는 혼자서 아기를 키우고 있었는데, 역시 혼자서 아기를 키우는 다른 여성과 같이 살면서, 아기 엄마는 돈을 벌고, 다른 여성은 아기들을 돌보는 형태로 가사 분담을 하고 있었다. 아기 엄마는 바에서 일하느라 저녁부터 새벽까지 일했다. 아기 엄마는 아기의 멍에 대해서, 자기가 집에 없는 동안 어딘가에서 떨어졌다고, 다른 여성으로부터 들었다고 했다. 나는 20대 초반의 나이에 혼자서 아기를 키우는 아기 엄마의 처지가 딱하다고 생각했지만, 아기가 어떻게 떨어졌는지 그 경위를 잘 모르는 것부터 문제가 있다고 생각했다. 나는 기록을 보고 혐의가 인정된다고 생각했지만, 구체적으로 어떤 처분을 해야 할지—기소를 할지, 기소를 한다면 벌금만 내면 되는 약식 기소를 할지, 정식으로 법원에 출석해서 재판을 받게 할지, 아니면 초범이니 몇 가지 조건을 붙여 기소유예를 할지—판단이 잘 서지 않아, 아기 엄마를 한번 조사해보고 나서 결정하기로 했다.

아기 엄마는 지금은 낮에 하는 일을 하고 있어 퇴근 시간 이후인 저녁에만 출석할 수 있다고 했다. 그런 요청을 하는 사람들은 적지 않으나, 나를 포함해 검찰청 직원들도 업무 시간 외에 일하고 싶지는 않아, 날짜를 조정해서 가능하면 업무 시간에 오도록 권유한다. 하지만 아기 엄마는 일한 지 며칠 되지 않아 직장에 휴가 얘기를 하는 것을 부담스러워했고, 마음 넓은 수사관은 흔쾌히 받아들였고, 나도 거의 매일 야근을 하던 때라 별 차이가 없었다.

여름이라 아직 빛이 남아 있는 저녁, 앳된 얼굴의 체구가 작은 아기 엄마가 아기띠를 매고 한 손에는 기저귀 가방을 들고 검사실로 들어왔다. 나와 수사관은 아기 엄마가 아기를 데려올 것이라고는 예상하지 못해서 당황했다. 기록에서 같이 사는 여성이 있다고 봤기 때문에 당연히 그 여성에게 아기를 맡기고 올 것이라고 생각했는데, 아기 엄마는 지금은 그 여성과 같이 살지 않고 아기와 단 둘이 살고 있어서 아기를 맡길 데가 없다고 말했다. 아기 엄마는 아기를 안은 상태로 조사를 받기 위해 책상 앞에 앉았으나, 아기가 조사 시간 동안 가만히 있을 것을 기대할 수는 없었다. 무엇보다 아기는 조사를 받을 필요가 없었다. 아기 엄마가 조사를 받는 동안 누군가 아기를 돌봐야 했다. 역할 분담은 성별에 따라 이루어졌다. 어디선가 아기와 어린아이는 남자보다 여자를 덜 무서워한다는 실험 결과를 들어본 것 같아서, 남자 수사관이 아기 엄마를 조사하고, 내가 아기를 보기로 했다. 아기 엄마도 그 방법이 최선이라고 생각했는지 순순히 아기를 내게 넘겨주었다.

아기를 안는 순간, 땀 냄새와 분유 냄새가 섞인 시큰하고 달큰한 냄새가 확 밀려왔다. 아기는 낯선 어른이 안아도 울거나 밀어내지 않고 나를 멀뚱히 쳐다보았다. 당시 작은 아이도 이미 초등학생이라, 그렇게 어린 아기를 안아본 지도 꽤 오랜만이었다. 과거에 아이들을 안느라 힘들었던 기억을 떠올려 몸에 너무 힘을 주고 있었는지, 아기는 매우 가볍게 느껴졌다. 그리고 한없이 부드러웠다. 나는 잠시 내 품에 들어온 아기가 떨어지지 않도록 팔과 어깨의 위치를 조정했다. 아기를 안고 검사실 안을 걷다가, 조금씩 반경을 넓혀 복도까지 나가보았다. 복도에서 만난 다른 검사실 직원이 '검사님 늦둥이에요?'라고, 아기만 못 알아듣는 농담을 했다.

아기를 안고 검사실과 그 앞 복도를 왔다갔다 하는 동안, 몇 년 전 우리 아이들이 아기였을 때와 다른 점을 하나씩 알게 되었다. 일단 냄새가 달랐다. 아기한테는 우리 아이들한테서 났던 향긋한 과일 냄새가 나지 않았다. 냄새는 종종 추억 이상의 것을 알려준다. 낯선 동네의 지하철역 계단에서 나는 냄새가 그 동네의 소득 수준을 생각하게 하는 것처럼. 하지만 아기의 옷 상태는 전체적으로 청결했고, 기저귀도 많이 부풀어 있지 않았다. 기록에서 보았던 멍은 사라졌고, 겉으로 보이는 눈곱이나 귀지도 없었다. 키와 몸무게는 여전히 또래보다 작은 것 같았지만, 그렇다고 발달에 문제가 있나 생각할 정도는 아니었다.

아기를 안고 왔다갔다 하면서도 귀는 열어두고 아기 엄마가 수사관의 질문에 대답하는 내용을 들었다. 아기 엄마는 자신이 아동학대 혐의로 조사를 받으러 온 사실 자체가 불편한 듯 다소 날카로운 모습이었으나, 시간이 갈수록 차분해졌다. 질문의 요지를 잘 파악하고 적절하게 대답하는 모습을 보면서 똑똑한 사람이라는 사실을 알 수 있었다. 아기 엄마의 진술로 기록에 나타나지 않은 사정을 알게 되었다.

혼자서 아기를 키우느라 돈은 없었지만 아기의 예방접종만큼은 시일이 늦어도 꼭 맞춰왔다. 어느 날 퇴근하고 집에 와보니 아기의 얼굴에 멍이 조금 들어 있어 같이 사는 여성에게 물었더니 '떨어졌다'라고만 할 뿐 자기도 직접 본 게 아니라서 잘 모른다고 했다. 아기 엄마는 속상했지만, 그 여성이 24시간 자기 아기만 보고 있을 것을 기대하지는 않았고, 본인이 같이 있더라도 순간 아기가 어딘가에서 떨어지는 일은 있을 수 있다고 생각했다. 아기도 보채거나 아파하지는 않았고, 예방접종을 맞추러 병원에 갔는데, 점점 멍이 커져서 사진에 찍힌 상태와 같이 되었다. 그걸 본 의사가 신고를 해서 경찰이 집에 찾아와 집안 사진을 찍고 갔다. 경찰 수사 과정에서 자신이 아기를 학대했다고 해서 너무 화가 났는데, 지금 생각해보면 의사나 경찰이나 아기가 멍든 모습이나 집안 상태를 보고 그렇게 생각할 수도 있겠다는 생각이 든다. 하지만 같이 사는 여성이 아기를 제대로 보지 않는다는 생각이 들어, 지금은 아기와 단 둘이 살고 있다. 밤에 일하면 아기를 맡길 데가 없어 낮에 일할 수 있는 곳에 취직했고, 지금은 아기를 구청 같은 데서 몇 시간씩 맡아주는 곳을 이용하고 있는데, 돈이 좀 모이면 아기를 어린이집에 보낼 생각이다.

수사관이 최대한 빨리 조사를 하려고 노력하여 두 시간이 채 되지 않아 조서의 열람, 날인까지 모두 마쳤다. 아기 엄마는 아기띠를 매고 다시 아기를 넘겨받았다. 그때 아기가 환하게 웃는 모습을 처음 봤다. 내가 안고 왔다갔다 하는 동안에도 가끔 미소 같은 것을 지을 때가 있었지만, 그건 말하자면 사회적인 웃음이었던 것이다.

아기 엄마는 검사실에서 나가기 전에 '오늘 우리 아기 돌인데 여기 왔다 간 게 좋은 추억이 되면 좋겠어요'라고 말했다. 나와 수사관 모두 아기의 생년월일에는 크게 신경 쓰지 않고 대충 돌 무렵이겠거니 생각했을 뿐, 그날이 아기의 생일이라는 건 모르고 있었다. 이성적으로 생각하면 돌 무렵의 아기가 그날 돌이라는 사실에 내가 당황할 필요는 전혀 없었지만, 나는 패닉에 빠졌다. 나는 내 책상 연필꽂이에 꽂혀 있던 안 깎은 연필 몇 자루를 꺼내 휴대용 칫솔 케이스에 넣은 후 아기의 손에 쥐어주면서, '돌에는 연필을 잡는 거야'라고 말했다. 아기 엄마나 우리 방 수사관이 한심하게 쳐다볼 것 같아 그 쪽은 쳐다보지 못하고 대신 아기의 눈만 보면서 '생일 축하해'라고 덧붙였다.

연필통에 대한 흥미가 곧 사라진 아기를 대신해서 아기

엄마가 연필통을 들고 검사실에서 나간 후, 수사관은 '혐의가 없네요. 기록 정리해서 드릴게요'라고 말했다. 그 수사관의 결론엔 늘 동의할 수 있었다. 나나 수사관이나 아기의 돌을 몰라준 것에 대한 미안함이 혐의 판단에 영향을 미친 것은 아니었다. 아기에 대한 예방접종 기록은 아기 엄마의 진술과 일치했고, 멍이 든 것 외에 아기의 건강이나 발달 상태에 어떠한 문제가 생기지도 않았다. 아기 엄마는 아기를 더 잘 키우기 위해 직업과 거주지를 바꾸는 노력을 했다. 가장 중요한 증거는 아기 자체였다. 약 두 시간 본 것에 불과하지만, 평소에 사랑받는 아기인지를 알아보기에 부족한 시간은 아니었다.

때린 것은 맞지만 학대한 건 아니다?

며칠 후 아기 엄마의 사건에 대하여 혐의없음 처분을 하면서, 다시 한 번 아동학대 사건의 어려움을 실감했다. 모든 사건의 아동을 직접 만날 수 있다면 판단하는 데 다소 도움이 되겠지만, 아동이 수사기관에 출석하는 것이 아동에게 어떤 영향을 미칠지 확신할 수 없고, 수사기관의 역량이나 여건 문제도 있다.

하지만 그보다는 아동학대 사건에 대한 형사절차 위주의 대응이, 특히 일부 '악마 같은' 아동학대 가해자로 하여금 더 중한 형벌을 받게 하는 데 집중하는 것이 실제로 아동의 보호와 복지에 얼마나 효과가 있을까 하는 의문이 들기 시작했다. 충실한 수사를 통해 아기 엄마의 범죄 혐의를 명확히 하는 것도 중요하지만, 별다른 학력이나 경력이 없는 젊은 한부모 가정의 아동이 건강하고 행복하게 자랄 수 있도록 효과적인 지원과 대책을 마련하는 것이 더 중요하지 않을까. 아동학대 가해자를 법정에 세워 준엄하게 꾸짖는 '잔치가 끝나고', 아동의 현실은 그대로라면, 국가가 아동학대를 범죄로 규정하고 처벌하는 것이 '대체 무슨 상관이란 말인가'. 이런 회의가 퇴적암처럼 쌓여 몇 년 후 아동학대를 주제로 박사학위 논문을 작성하게 되었다. 논문을 작성하는 과정에서 몸과 마음이 지칠 때마다 그 아기 엄마를 생각했다. 내가 아무리 일과 학업을 병행하는 것이 힘들더라도, 그녀의 일상만큼은 아닐 것이라고. 그렇다고 내가 힘들지 않은 건 아니었지만, 적어도 관점을 바꿔야 한다고 때때로 스스로를 환기시키는 계기는 되었다.

물론 나는 알고 있다
내가 운동보다도 운동가를
술보다도 술 마시는 분위기를 더 좋아했다는 걸
그리고 외로울 땐 동지여!로 시작하는 투쟁가가 아니라
낮은 목소리로 사랑 노래를 즐겼다는 걸
그러나 대체 무슨 상관이란 말인가

잔치는 끝났다
술 떨어지고, 사람들은 하나둘 지갑을 챙기고
마침내 그도 갔지만
마지막 셈을 마치고 제각기 신발을 찾아 신고 떠났지만
어렴풋이 나는 알고 있다
여기 홀로 누군가 마지막까지 남아
주인 대신 상을 치우고
그 모든 걸 기억해내며 뜨거운 눈물 흘리리란 걸
그가 부르다 만 노래를 마저 고쳐 부르리란 걸
어쩌면 나는 알고 있다
누군가 그 대신 상을 차리고, 새벽이 오기 전에
다시 사람들을 불러모으리라
환하게 불 밝히고 무대를 다시 꾸미리라

그러나 대체 무슨 상관이란 말인가

——

최영미, 「서른, 잔치는 끝났다」, 『서른, 잔치는 끝났다』, 이미출판사

그러나 그 사건 이후로 아동학대 사건을 보는 것이 더 어려워진 이유는 따로 있었다. 내 아이들이 비교적 여유 있는 가정에서 태어나 최대치의 사랑과 보호를 받고 자라는 반면, 톨스토이가 소설 『안나 카레니나』의 첫 문장에서 선언한 '각자 고유한 이유로 불행한 가정'[65]에서 태어난 아이들은 그렇지 않다는 사실 자체였다. 그 사실이 야기하는 감정적인 불편함은 별개로, 내가 두 아이의 엄마로서 '상식' 내지 '보통'이라고 생각하는 육아의 기준을 '각자 고유한' 아동학대 사건의 판단에 어느 정도 적용하는 것이 타당한지에 대한 실무적인 어려움이 있었다. 그런 어려움을 느낄 때마다 그 아기를 처음 안았을 때 밀려왔던 시큰하고 달큰한 냄새, 꽃이나 과일 향기와는 달랐던 그 냄새가 떠올랐다.

그런 어려움을 느낀 경우 중 하나로, 아동학대 혐의를 받는 사람들 중 '때린 건 맞지만 학대한 건 아니다'라고 주장하는 사람들이 많다는 점을 들 수 있다. 나는 이러한 특성이

우선 아동학대 범죄의 구성요건에 내재된 문제점과 관련 있다고 생각한다.

우리 형법은 폭행죄, 상해죄 등과 별도로 '학대죄'라는 구성요건을 두고 있다. 즉 형법 제273조 제1항은 '자기의 보호 또는 감독을 받는 사람을 학대한 자는 2년 이하의 징역 또는 500만 원 이하의 벌금에 처한다'라고 규정하고 있고, 대법원은 위 조항에서 '학대'의 의미를 '육체적으로 고통을 주거나 정신적으로 차별대우를 하는 행위를 가리키고, 이러한 학대행위는 형법의 규정체제상 학대와 유기의 죄가 같은 장에 위치하고 있는 점 등에 비추어 단순히 상대방의 인격에 대한 반인륜적 침해만으로는 부족하고 적어도 유기에 준할 정도에 이르러야 한다'[66]라고 해석하고 있다.

대법원의 해석이 '학대'의 의미를 명확하게 했는지에 대해서는 회의적이다. '육체적으로 고통을 주는' 행위는 폭행이나 상해와 구별되는 것인지, '정신적으로 차별대우를 하는' 행위는 어떠한 것인지, 차별대우가 행위자의 '정신' 속에만 있어 타인에게 드러나지 않아도 되는 것인지, 형법의 체제상 학대죄와 유기죄가 같은 장에 위치하고 있다는 것이 왜 학대의 의미에 유기가 포함되어야 할 논거가 되는지, 국민의 권리 중 인간으로서의 존엄과 가치를 가장 먼저 규정하고 있는 우리 헌법상 '반인륜적 침해'보다 더 큰 불법은 무엇인지 등 오히려 새로운 의문을 증폭시키나, 대법원의 의도만큼은 명확히 전달된다. 즉 학대죄는 뭔가 '더 무거운' 범죄라는 것이다. 그리고 이는 많은 사람들의 통상적인 언어 사용 습관에 부합한다. 나는 이 점이 대법원의 위와 같은 해석의 주된 근거라고 생각한다.

'학대'라는 말은 폭행이나 상해라는 말보다 훨씬 중한, 질적으로 다른 종류의 범죄라는 인상을 준다. 따라서 손바닥으로 자녀의 뺨을 때린 부모에게, 아동을 때린다거나 적어도 폭행한다는 인식은 가능해도 '학대'한다는 인식은 어려울 수 있다. 그런데 아동복지법은 이러한 '학대'를 기본적인 구성요건으로 삼고 있어, 상대가 아동이 아니라면 형법상 폭행이나 상해 등 '덜 중한' 범죄가 되었을 행위가 갑자기 학대라는 '더 무거운' 범죄가 되는 셈이니, 거부감이 드는 것도 영 이해하지 못할 일은 아니다.

근본적인 문제점은 아동복지법상 아동학대의 정의가 형법상 폭행이나 상해 등 다른 법률상 구성요건과 본질적으로 다르지 않다는 데 있다. 즉 구성요건 사이의 체계와 의미에 관한 모호함이 아동학대 행위자의 인식에 혼란을 초래하고, 굳이 안 해도 될 '변명'을 하게 만든다. 손바닥으로 자녀의 뺨을 때린 부모가 자신의 잘못을 인정하고 반성하는 대신 '학대'가 아니라고 주장하는 데 수사와 재판의 상당한 시간을 소비하는 것이다.

물론 동일한 폭행이라도 피해자가 아동인 경우, 더욱 보호받아야 할 아동의 특성을 고려하여 '학대'라는 중한 언어를 사용함으로써 아동에 대한 범죄의 심각성을 일깨우는 긍정적 기능도 있다고 볼 수 있다. 영어권 국가에서는 아동에 대한 체벌을 묘사하는 데 사용되는 언어, 예컨대, smack이나 slap(손바닥으로 때리기), spank(엉덩이 때리기), tap(가볍게 툭툭 치기)과 같은 단어들이 아동이 경험하는 체벌을 정상화하고 최소화한다는 이유로, 폭력, 폭행, 학대와 같이 명확하고, 비타협적인 언어를 사용해야 한다는 주장도 있다.[67]

훈육과 체벌

아동학대 사건의 또 다른 특징은 아동학대 행위자가 '아동이 잘 되기를 바라는 마음에서', '아동을 사랑해서' 그랬다고 주장하는 경우가 많다는 점이다. 수사나 재판에서는 아동에 대한 '훈육'으로서 정당행위라고 주장하거나 적어도 '훈육할 목적 또는 의도'로 한 행위이므로 가벼운 처벌이

합당하다는 주장으로 나타난다. 이러한 주장을 하는 이유는, 잘 되면 수사기관이나 법원에서 무혐의 또는 무죄를 받을 수 있고, 잘 되지 않더라도 보다 가벼운 처벌을 받을 가능성이 높아지기 때문이다.

2019년 9월 1일부터 2020년 9월 1일까지 전국 1심 법원에서 '아동복지법위반'으로 선고된 판결 중 그 내용이 실질적으로 아동학대에 관한 판결 100여 건을 분석한 결과, 무죄 판결 4건 중 3건이 훈육을 위한 행위라는 이유로 무죄가 선고되었다. 유죄 판결 중 훈육행위 또는 훈육의 의도 내지 목적을 유리한 양형 사유로 판결문에 명시한 경우가 39건이었고, 판결문에 명시적인 양형 사유로 기재되지는 않았으나 피고인이 훈육 주장을 한 경우가 50건이었다. 즉 '훈육'은 아동학대 행위자 입장에서, 일단 주장해서 손해 볼 것이 없는, 소위 '전가의 보도'라 할 수 있다.(해당 판결 및 자세한 분석 결과는 2022년 2월에 서울대학교에서 취득한 나의 박사학위 논문[68]에서 확인할 수 있다.)

한편, 훈육과 구별되는 개념으로, 과거에 많이 사용되었던 '체벌'이 있다. 유엔아동권리위원회는 2006년 채택한 '체벌 및 기타 잔인하거나 모욕적인 형태의 벌로부터 보호받을 아동의 권리'라는 일반논평 8호에서 체벌(corporal or physical punishment)을 '물리적 힘이 사용되고 아무리 가볍더라도 어느 정도의 고통 또는 불편함을 야기하도록 의도된 모든 벌'로 정의하면서, 긍정적인 훈육의 개념(positive concept of discipline)까지 거부하는 것은 아니라고 하였다. 우리나라의 법령도 훈육과 체벌을 구별하고 있다. 초·중등교육법 시행령 제31조 제8항 '학교의 장은 법 제18조 제1항 본문에 따라 지도를 할 때에는 학칙으로 정하는 바에 따라 훈육·훈계 등의 방법으로 하되, 도구, 신체 등을 이용하여 학생의 신체에 고통을 가하는 방법을 사용해서는 아니 된다' 중 '신체에 고통을 가하는 방법'이 체벌을 의미하는 것으로 보인다.[69] 다만 유엔권리위원회도 우리나라의 법령도 '훈육'이 무엇인지에 대해서는 별도로 정의하지 않고 있다.

최근 아동학대 판결에서는 체벌이라는 용어는 거의 사용되지 않는데, 그동안 우리 사회에서 체벌이 부정적이라는 인식이 자리잡았기 때문으로 보인다. 그러나 위 판결 분석 결과에서 보듯이, 행위자가 '훈육'이라고 주장하는 행위 중 대부분이 과거에 '체벌'이라고 불렀던 행위와 크게 다르지 않다. 즉 행위의 실질은 변하지 않았는데 이를 지칭하는 용어만 변화한 것으로 볼 수 있다.

나는 이러한 용어의 변화가 아무 의미가 없는 것이라고

는 생각하지 않는다. 법적으로든 사회적으로든 체벌과 훈육의 개념은 구별되고 있는데, 적어도 '신체에 고통을 가하는 방법'인 체벌은 허용되어서는 안 된다는 점에는 다수가 동의하는 것이기 때문이다. '사랑하니까 떠난다'는 말도 이해하기 어렵지만, '사랑하니까 때린다'는 말은 이해의 범위를 넘어선 것이다. 그래서 피의자가 위와 같은 주장을 하는 경우, 화가 날 때는 '그게 말이 되느냐'고 언성을 높였고, 더 화가 날 때는 아무 말도 하지 않고 처분의 종류와 정도를 좀 더 고민했다.

그러나 법적으로 전혀 규율되지 않은 '훈육'이 사실상 '체벌'을 대체하는 용어로 사용되면서 아동학대에 관한 수사와 재판에서 범죄의 성립 여부나 양형에서 사실상 큰 역할을 하는 것은 바람직하지 않으므로, 훈육의 개념과 방법을 법적으로 규율할 필요가 있다.

특히 훈육이 자녀의 사교육과 관련된 경우는 조금 미묘해진다.

몇 년 전 같이 근무하던 실무관이 초등학생 아들을 계속 학원에 보내야 할지 고민이라고 말했다. 그 아들은 유독 글씨를 못 써서 도저히 알아볼 수 없을 정도였는데, 학원 선생님이 무서워서 학원 숙제를 할 때는 글씨체가 좋아졌다. 문제는, 숙제를 안 하거나 글씨체가 나쁘면 학원 선생님이 아들을 때린다는 것인데, 실무관은 그 사실을 이미 알고 있었다. 그 학원 선생님이 아이들을 때린다는 사실은 알려져 있었고, 실무관과 상담할 때 자신이 직접 그 사실을 고지하기도 했다는 것이다. 실무관의 고민은, 아이의 글씨체를 교정하고 공부를 잘하게 하기 위하여 일부러 '엄격한' 학원에 보냈고, 아이가 잘할 때는 선생님이 칭찬도 아끼지 않아 아이가 자신감이 생기는 등 성과도 있었지만, 막상 아이가 맞고 오니 기분이 좋지 않다는 데 있었다.

내 아이를 때리는 학원에 내 돈을 내고 보낼지 말지 고민하는 상황이 매우 기이하게 느껴지지만, 한석봉의 어머니를 비롯하여 '사랑하는 자식을 위하여 눈물을 머금고 회초리를 드는' 어머니가 현대에 이르러 그 역할을 학원에 외주를 주었다고 한다면, 이해할 여지가 전혀 없는 것도 아니다.

우리 형법이 정당방위나 정당행위와 같은 위법성조각사유를 두고 있는 것은 예외적 상황에서는 신체적 유형력의 사용이 허용됨을 전제하는 것이나, 그 예외적 상황에 자녀 교육이 포함된다고 보기는 어렵다. 그래서 나는 자녀에게 공부를 시키기 위한 목적의 유형력 사용은 경우에 따라 아동학대도 될 수 있는 부적절한 방법이라고 생각하지만,

유형력을 사용하지 않는 사교육에 대해서는 바로 대답하기 어렵다. 그 이유는 '사교육'이라는 한 단어가 개인적 경험과 법적 쟁점을 동시에 떠올리기 때문이다.

먼저, 개인적 경험으로서의 사교육은 내가 부모로서 역할을 다 하고 있는지를 점검하게 한다. 현재 중학교 3학년인 큰아이는 중학교에 들어가 수학이 어려워지고, 주변 친구들이 선행 학습을 통해 이미 중학교 과정은 물론 고등학교 과정을 배우고 있다는 사실에 의기소침했는지, 언젠가 할머니에게 '나도 어릴 때 수학 학원에 좀 보내지 그랬어'라고 말했다. 나는 시어머니로부터 이를 전해듣고 내가 '자녀를 교육시킬' 부모의 의무를 다하지 못했나 싶어 한동안 마음이 무거웠다. 그런 반면, 국어, 영어, 수학 학원에 다니는 큰아이와 영어, 수학 학원에 다니는 작은아이가 매일 아침 일어날 때 피곤해하는 모습을 보면 '자녀의 건강을 돌볼' 부모의 의무를 다하지 못하고 있나 싶어 또 마음이 무거워지는 것이다.

개인적 경험으로서의 사교육에서 또 다른 중요한 축은 돈이다. 통계청의 2022년 초중고 사교육비 조사 결과에 의하면, 2022년 초중고 사교육비 총액은 약 26조 원, 사교육 참여율은 78.3%, 주당 참여시간은 7.2시간으로, 전년대비 각각 10.8%, 2.8%, 0.5시간 증가하였고, 전체 학생의 1인당 월평균 사교육비는 41만 원, 사교육에 참여하는 학생은 52만 4천 원으로 전년대비 각각 11.8%, 7.9% 증가하였다.[70] 위 통계상 금액도 적지 않지만, 나와 남편이 중학생인 두 아이들에게 지출하는 사교육비보다는 적다. 그나마 우리 아이들은 수학 등 교과 학원에 간 시기가 또래보다 늦은 편이나, 태권도장, 미술학원, 플루트, 탁구 등 비교과 학원은 초등학생 때부터 다니고 있어 그 금액을 모두 합하면, 맞벌이인 우리 부부에게도 상당한 부담이 되는 금액이다.

자녀 사교육비 지출이 부담된다는 학부모 비율이 94.3%라는 기사,[71] 사교육비 부담이 저출산의 원인이라는 기사[72] 등을 보면, 이런 부담이 우리 부부에게만 국한되는 문제는 아니라고 위안이 되기보다는, 사교육이 '부모학대'를 하고 있다는 생각이 들기도 한다. 동시에, 사교육이 부모에게 '금전적 학대'를 가할 정도라면, 자녀에게는 어떨까 싶다.

우리 아이들은 스스로 교과 학원을 다닐 필요성을 인정하고 있지만, 갈 때마다 혹시 가지 않을 정당한 사유가 있는지 탐색하는 것을 게을리하지 않는다. 정당한 사유에도 등급이 있다. 몸이 아프거나 매우 피곤한 상태는 절대적 사유로서, 논의의 여지 없이 안 갈 수 있다. 시험이 끝난 직후 친구들과 롯데월드에 가기로 약속한 것도 사실상 절대적 사유의 범위 안에 드는데, 아이들은 그 과정에서 부모의 결단이 조금 필요했다는 사실은 모른다. 이러한 사정 없이 '가기 싫다'는 건 토론과 설득이 필요한 상대적 사유인데, 이제까지의 경험에 비추어 토론이나 설득과는 상관없이 '조금 더 세게 나가는' 쪽이 그 뜻을 관철하게 된다.

자녀에 대한 부모의 개입은 어디까지인가

오래전의 기억을 되살려보면 학교만 다니는 것도 쉽지 않았다. 학교에서는, 사회의 다른 분야에서 그렇듯이, 여러 부류의 사람들이 있고 여러 가지 일이 발생한다. 그런 학교를 갔다와서 또 학원에 가 최소 2시간 이상 공부를 하든 안 하든 앉아 있고, 집에 와서는 학원 숙제를 해야 하는 건 그 자체로 피곤하고 힘든 일이다. 아무리 스스로 필요성을 인정하고, 경제적으로 부담이 됨에도 학원에 보내는 것이 부모의 사랑이라는 것을 알아도, 피곤하고 힘들다는 사실이 변하지는 않는다. 피곤이 쌓이면 짜증이 나고, 짜증이 반복되면 몸이나 마음이 아플 수 있다. 한국청소년정책연구원이 2021년 펴낸 연구보고서 「10대 청소년의 정신건강 실태

조사」[73]에 의하면, 학생 청소년의 17.4%와 13%가 각 경도 이상의 우울과 불안 증상에 노출돼 있고, 16.4%는 자살 위험성을 보여주었다. 그러다 부모의 사랑을 느끼지 못하거나 부모에 대한 사랑을 느끼지 못할 수도 있다. 사랑으로 시작한 일이 사랑의 감소나 소멸을 불러온다면, 사랑의 방법이 적절한지 점검할 필요가 있다.

먼저 법적인 측면에서, 부모들이 자녀에 대한 사랑의 방법으로 사교육을 선택하는 것은 아무 문제가 없다. 우리 법이 부모에게 자녀를 교육시킬 권리, 나아가 '부모가 원하는 대로' 교육시킬 권리를 인정하기 때문이다.

우리 헌법은 제31조 제2항에서 '모든 국민은 그 보호하는 자녀에게 적어도 초등교육과 법률이 정하는 교육을 받게 할 의무를 진다.'라고 규정하여, 부모에게 일정한 범위의 교육을 시킬 의무를 부과하고 있지만, '자녀를 교육시킬 권리'에 대해서는 규정하고 있지 않다. 그러나 헌법재판소는 "자녀의 양육과 교육은 일차적으로 부모의 천부적인 권리인 동시에 부모에게 부과된 의무이기도 하다. '부모의 자녀에 대한 교육권'은 비록 헌법에 명문으로 규정되어 있지는 아니하지만, 이는 모든 인간이 누리는 불가침의 인권으로서 혼인과 가족생활을 보장하는 헌법 제36조 제1항, 행복추구권을 보장하는 헌법 제10조 및 “국민의 자유와 권리는 헌법에 열거되지 아니한 이유로 경시되지 아니한다”고 규정하는 헌법 제37조 제1항에서 나오는 중요한 기본권이다. 부모는 자녀의 교육에 관하여 전반적인 계획을 세우고 자신의 인생관 · 사회관 · 교육관에 따라 자녀의 교육을 자유롭게 형성할 권리를 가지며, 부모의 교육권은 다른 교육의 주체와의 관계에서 원칙적인 우위를 가진다.[74]라고 하면서, ‘부모가 원하는 대로 자녀를 교육시킬 권리’가 불가침의 천부적 인권이라고 선언하였다.

재미있는 점은 헌법재판소가 위 결정을 선고한 2000년에 이미 ‘사교육의 영역에 관한 한, 우리 사회가 불행하게도 이미 자정능력이나 자기조절능력을 현저히 상실했고, 이로 말미암아 국가가 부득이 개입하지 않을 수 없는 실정’[75]으로 진단했다는 점이다. 그로부터 20년 이상 지난 지금의 사교육에 대해서, 헌법재판소가 뭐라고 생각할지 궁금하다.

아니, 솔직히 헌법재판소가 뭐라고 생각할지는 궁금하지 않다. 내가 궁금한 건 부모가 사교육에 대하여 갖는 권리의 법적 성격보다, 실제로 부모를 사교육에 집중하도록 만드는 ‘동력’이다. 나는 그 주된 동력이 능력주의라고 생각한다.

능력주의는 라틴어 mereō와 그리스어 Jtàxow가 조합

된 'meritocracy'의 번역어로서, 1958년 영국의 사회학자 마이클 영의 풍자 소설, 『능력주의의 발흥(The Rise of Meritocracy)』에서 처음으로 등장하였다.[76] 여기서 능력은 통상 재능과 노력을 의미한다.

미국의 정치철학자 마이클 샌델은 『공정하다는 착각』에서, 능력주의적 직관은 정치적 스펙트럼을 가로지른다고, 즉 능력주의에 대한 믿음은 진보와 보수를 구별하지 않는다고 하였다.[77] 그는 능력주의가 자신의 재능과 노력으로 성취한 것은 그럴 '자격'이 있는 것이라는 '성공의 레토릭'을 탄생시켰는데, 이를 뒷받침하는 원리가 공정과 기회의 균등이라고 설명한다.

법철학자 김도균 또한 『한국 사회에서 정의란 무엇인가』에서, 직업이나 소득과 같은 사회경제적 재화의 분배는 개인들의 생산적 재능과 노력이 반영된 경제적 성과에 의해 결정되어야 하며, 혈통이나 신분이 아닌 개인적 능력에 따라 적합한 보상을 받기 위해서는 기회의 균등이 보장되어야 한다는 것이 능력주의의 요체라고, 즉 능력주의는 기회균등과 일심동체로 여겨왔다고 지적했다.[78] 많은 사람들이 최순실 딸의 '능력 없으면 니네 부모를 원망해'라는 말이나, 전 법무부장관 조국 딸의 의학전문대학원 입학과 관련된 소위 '조국 사태', 전 국회의원 곽상도 아들의 '50억 퇴직금' 등에 분노하는 것 또한 능력주의 및 기회균등 위반에 대한 항의라고 볼 수 있다.

우리 헌법은 전문에서 '각인의 기회를 균등히 하고, 능력을 최고도로 발휘하게' 하는 것이 대한민국의 일임을 선언하였고, 헌법재판소는 '직업공무원에 관한 공직취임을 규율함에 있어서는 임용희망자의 능력 · 전문성 · 적성 · 품성을 기준으로 하는 이른바 능력주의 또는 성과주의를 바탕으로 하여야 한다.'[79]라고 하면서, 헌법상 직업공무원 제도의 기반이 능력주의임을 명시하였다.

우리 헌법이 능력주의를 국가의 제도 운영과 관련된 주된 원리로 수용하고, 국민들도 기회의 균등에 민감한데, 왜 10명 중 6명은 우리 사회를 불공정하다고 생각하고,[80] 국가 행복지수는 OECD 회원국들 중에서 최하위일까.[81] 마이클 영의 위 소설에서도, 완전한 능력주의 사회는 점차 능력 있는 엘리트들이 자신보다 능력 없는 육체노동자들을 억압하고 경멸하면서 암울한 디스토피아로 전락한다.[82]

능력주의가 사랑과 사람을 삼키다

능력주의를 더 철저하게 준수하면 상황이 나아질까. 아닐 것 같다. 일단 능력주의에서 능력 중 하나를 구성하는 재능은, 흔히 짝을 이루는 '천부적'이라는 단어에서 보듯이, 개인이 영향을 미칠 수 없는 운인 경우가 많다. 지능이 높은 것, 노래를 잘하는 것, 그림을 잘 그리는 것과 같은 재능을 타고나는 것 자체나 그러한 재능을 발견하고 지원해줄 수 있는 부모 밑에서 태어나는 것, 사회가 그러한 재능을 높게 평가하는 것 또한 개인의 선택이나 의지가 아니다. 능력의 주된 요소인 재능이 우연히 얻어진 것이라면, 그 결과에 전적으로 '자격'이나 '책임'이 있다고 할 수 있을까. 미국의 법철학자 존 롤스가, 기회가 동등하더라도 재능의 차이는 자의적이므로 정의롭지 않다[83]고 말한 것도 이러한 측면에서 이해할 수 있다.

한편, 마이클 샌델은 능력주의가 설령 공정하다고 하더라도, 승자는 자부심에, 패자는 수치심에, 연대와 공익을 저해하고, 완강한 개인적 책임 개념은 증가하는 불평등을 다룰 연대 및 상호 의무를 소환하기 어렵게 하여 좋은 사회가 아니라고 하였다. 그래서 이미 불평등이 만연한 사회에서

능력주의를 외치는 것은 연대를 잠식하고, 능력주의에서 패배한 사람들의 기를 꺾는 것이라고 하였다.[84]

나는 능력주의의 가장 큰 문제는 '성공의 레토릭'에 대비되는 '실패의 낙인'이라고 생각한다. 나의 성공이 나의 재능과 노력 덕분이라면, 자연스럽게 나의 실패는 나의 재능(부족 내지 없음)과 노력(부족 내지 없음) 때문이 된다. 그런데 누구나 성공할 수도 없지만, 누구도 매번 성공할 수는 없다. 문제는 스스로 자신의 재능과 노력에 별다른 변화를 느끼지 못하는 경우가 많다는 것이다. 재능이 일회성이 아닌 이상 대체로 그대로이고, 노력도 평소만큼, 어쩌면 더 했을 수도 있다. 실패가 반복된 사람도, 실패가 익숙하지 않은 사람도, 실패가 다른 무엇도 아닌 자신의 재능과 노력 문제 때문이라는 사실에 좌절감과 수치심을 느끼지 않을 수 없다. 애니메이션 시리즈 〈주술회전〉에서, 1급 주술사 나나미 켄토는 '머리맡에 빠진 머리카락이 늘어나거나 좋아하는 빵이 편의점에서 자취를 감추는 것과 같은 작은 절망들이 겹겹이 쌓여가면서 사람을 어른으로 만든다'고 말하지만, 능력주의에서 실패했다는 '절망'이 사람을 성장시키는 경우는 드물다.

부모가 자녀를 사랑하는 방법으로 사교육을 선택한 것

은, 자녀의 행복을 위해 자녀가 더 좋은 대학에 들어가 더 좋은 직업을 갖길 바라기 때문이다. 즉 자녀가 능력주의에 따라 성공하기 바라는 것이다. 성공 확률을 높이고 싶을수록 사교육의 정도도 증가한다. 사교육의 정도가 증가할수록 부모의 부담과 자녀의 피로도 함께 증가한다. 그러나 모든 자녀가 시험을 잘 보고, 좋은 대학, 좋은 직장에 들어갈 수는 없다. 노력은 있으나 재능이 부족하여 원하는 것을 얻지 못한 아이들이 자신이 좌우할 수 없는 재능에 대한 책임까지 떠안는 것은 부당하다. 실패로 인한 고통에 더하여 '책임 인정'에 대한 수치심까지 감당해야 한다.

결과적으로 좋은 대학과 직장에 들어간 사람도 그 과정에서 신체적, 정신적 대가를 치렀을 수 있다. 마이클 샌델은 능력주의에 따라 성공한 사람들도 행복하지 않고, 상처를 받는다고 하면서 '내 학생들(하버드)에게서 이를 본다'고 하였다.[85] 서울대학교 대학원생이 '공부가 힘들다'는 유서를 남기고 서울대학교 중앙도서관에서 자살한 사건도 있었다.[86] 인생의 어느 단계까지는 능력주의에 성공한 사람들만이 모이는 검찰청도 예외는 아니다. 선호되는 전담, 보직, 임지는 이를 원하는 사람보다 적고, 시간이 갈수록 내부 경쟁에서 살아남는 사람도 적어진다. '사건운', '상사운', 이를 통칭하는 '관운' 등 성패의 기준이 재능과 노력만이 아니라는 사실이, 지금까지 능력주의에서 성공한 사람들의 좌절과 분노를 키운다.

실패한 사람이 갖는 수치심이나 열등감, 자신에 대한 또는 수신자를 알 수 없는 분노가 무슨 대수냐고 할 수도 있다. 능력주의의 이상에 비하면 이는 무시할 만한 부작용이라고, 애초에 수치심 같은 감정은 개인이 다스려야 하는 것이라고 말이다.

그러나 우리는 지난 여름 '나는 불행하게 사는데, 남들도 불행하게 만들고 싶어' 신림역에서 흉기를 휘둘러 일면식도 없던 행인을 살해한 사건[87]에서, 성공하지 못한 사람들의 부정적 감정이 나의 생명과 신체의 안전을 직접 위협할 수 있다는 사실을 알게 되었다. 그 후로 분당역에서 차량을 돌진하여 2명을 살해하고 10여 명을 다치게 한 사건, 위 사건들을 모방하여 인천 부평구, 대림역 등 사람들이 많이 모이는 곳에서 소위 '살인예고' 글을 게시한 사건 등이 잇따랐고,[88] 이에 대응하여 호신용품 판매가 급증하고, 정부는 살인예고 글과 흉기소지에 대한 처벌 규정 신설을 추진하였다.[89] 하지만 이러한 대응은 개인적, 사후적인 것에 불과하다.

먼 나라의 정치 얘기라 크게 와닿지는 않지만, 마이클 샌델은 영국의 EU 탈퇴, 미국의 트럼프 대통령 당선도, 능력주의의 실패자인 덜 교육받은 사람들에 대한 평가절하, 편견, 배제로 분노한 그들의 '포퓰리즘적 반격' 때문이라고 분석하였다.[90]

그렇다면 어떻게 해야 할까. 능력주의에 대한 지나친 신뢰를 거두고, 능력의 한 축을 구성하는 재능이 운이라는 사실을 진심으로 받아들이고, 실패한 사람들에게 노력이 부족했다고 비난하는 대신, 실패자의 분노, 수치심, 좌절감이 농축되어 부정적 에너지로 타인과 공동체를 향하지 않도록, 한 가지 기준으로 성공과 실패를 가르는 문화를 좀 더 다양하고 다정한 문화로 바꿔야 한다.

그저 듣기 좋은 말일 뿐 구체적인 대책은 아니라고 할 수 있지만, '그저 듣기 좋은 말'이라도 한 번 더 듣고 읽고 생각해보는 것이 구체적인 변화를 이끄는 출발점이 되는 경험을 누구나 한 번쯤은 해보았을 것이다. 미국의 철학자 마사 누스바움은 『정치적 감정』에서 좋은 법과 제도는 실제 사람들의 감정의 지속적인 지지를 필요로 하고, 나쁜 감정의 부식 효과로부터 보호될 필요가 있다고 하고,[91] 미국의 인류학자 조지프 헨릭은 『위어드』에서, 정책 처방과 공식적인 제도는 해당 인구의 문화적 심리에 맞을 필요가 있다고 하는

데,[92] 두 학자 모두 사람들의 구체적인 감정과 심리가 추상적인 법과 제도의 설계 및 운용에 중요한 토대임을 지적하고 있다.

사랑은 공개된 레시피처럼

사교육이 제기하는 또 다른 법적인 쟁점은 사교육의 대상인 자녀가, 부모와 마찬가지로, 인간으로서의 존엄과 가치를 갖는 권리의 주체라는 점이다. 부모에게 자녀를 원하는 대로 교육시킬 권리가 있다면, 자녀에게는 행복을 추구할 권리가 있다. 사교육이 자녀의 행복에 반하는 것이 명백하다면 자녀의 권리를 침해하게 된다. 즉 사교육은 부모와 자녀라는 두 권리의 주체가 충돌할 수 있는 영역이므로, 양자의 권리가 조화를 이룰 지점을 찾아야 한다. 이러한 지점은 각 가정의 경제적 상황, 부모와 자녀의 건강, 성향 등에 따라 개별적으로 결정되겠지만, 적어도 자녀를 고통스럽게 하는 '지나친' 사교육을 배제하는 것부터 시작할 수 있다.

그러나 '지나침'을 판단하는 기준이 모호하다는 것이 함정이다. 피아노를 배우고 싶어하는 자녀는 사실은 좋아하는 아이돌의 노래를 연주할 수 있을 정도만 배우고 싶었는데, 부모가 이왕 시작했으니 쇼팽 등 더 어려운 곡을 연주할 수 있을 정도로 계속 배우라고 한다면, 이는 '지나친' 사교육일까. 아직 쇼팽을 모르는 자녀에게 쇼팽의 아름다움을 알게 해주고 싶은 부모의 사랑이 '지나친' 것일까.

이렇게 구체적인 사례의 수집만으로 매번 '지나침' 여부를 판단할 수 없다. 화재 예방을 위한 매뉴얼처럼, 지나친 사교육이라는 사고가 발생하기 전에 예방하는, 일반적인 경우에 적용되는 기준을 마련할 필요가 있다.

그러한 기준으로 우선 자녀의 동의 여부를 포함하는 게 어떨까. 어떤 과목의 학원에 다닐 것인지, 학원에 가는 목적이 무엇인지에 대하여 미리 자녀와 의논하는 것이다. 그 과정에서 비용이나 거리 등 부모가 감당하기 어려운 사정이 있다면, 이러한 사정에 대해서도 얘기하는 것이 좋을 것이다. 물론 자녀가 생존을 절대적으로 의지하는 부모에게 자신의 의사를 명확히 표시하기는 어려울 수 있고, 그 전에 자신이 무엇을 원하는지 잘 모를 수도 있다. 자신이 무엇을 원하는지 잘 모르는 것은 아동에만 국한되는 문제가 아니긴 하나, 자신의 생각을 정리하고 명확히 표시하는 것은 훈련이 필요한 일인데, 위와 같은 의논 과정에서 자연스럽게 그러한 훈련도 이루어질 수 있다.

최소한의 수면, 휴식, 놀이 시간을 정해두는 것도 가이드라인이 될 수 있다. 물론 지키지 않는 여름방학 시간표처럼 매일 기계적으로 적용할 수는 없고, 구체적인 상황에 따라 탄력적으로(?) 운용해야겠지만, 건강을 위해 필수적인 수면과 휴식 시간, 친구들과의 교류나 취미 생활을 위한 시간의 필요성을 인정하고 미리 그 기준을 설정하는 것 자체로 부모와 자녀 스스로 '지나침'을 점검할 수 있을 것이다. 앞서 언급한 「10대 청소년의 정신건강 실태조사」에 의하면, 학생 청소년과 학교 밖 청소년 모두 정신건강 문제 유형에 상관없이 일관성 있게 증상을 완화하는 데 이바지한 요인 중 하나가, 양호한 건강 상태와 건강 행태(충분한 수면 시간 확보)로 나타났는데, 건강과 이를 위한 충분한 수면의 중요성은 너무 당연해서 굳이 언급하는 것이 어색하게 느껴지기도 한다.

충분한 수면을 포함하여 자녀의 건강을 돌보는 것은 부모의 일상적인 양육 활동이다. 자녀가 잠을 잘 자게 하기 위해, 깨끗하고 계절에 맞는 침구를 마련하고, 바깥의 빛이 들어오지 않도록 커튼을 달고, 배가 고픈 상태나 밤늦게 과식하면 잠이 잘 오지 않으므로 규칙적인 식사를 하게 하고, 낮에 놀이터에서 놀거나 운동 등 적당한 신체 활동을 하게 하고, 부부 싸움을 하더라도 무음 상태에서 하는 등 부모의 여러 가지 활동이 포함되어 있는데, 그 모든 활동이 자녀에 대한 사랑의 구체적인 실현이다.

결국 부모가 자녀를 사랑하는 올바른 방법은 특별한 것을 해주는 것이 아니라 일상적인 양육 활동을 하는 것이다. 일상적인 양육 활동이라고 하여 결코 쉬운 일이라는 뜻은 아니지만, 그렇다고 특별하거나 예외적인 일은 아니다. 자녀를 사랑하는 방법이 규화보전과 같은 비기가 아니라, 누구나 할 수 있고 대부분 하고 있는 일이라는 점은 고무적이다.

우리 법이 아동학대에 관해서 규율하는 것은 종종 뉴스에서 보는 '악마 같은' 행위자들을 처벌하기 위한 것만은 아니다. 오히려 아이를 키우는 많은 부모나 보호자들에게 어떻게 하는 것이 아이를 사랑하는 올바른 방법인지, 자녀에 대한 사랑의 표현이라고 믿는 행위가 사실은 자녀를 불행하게 하는 건 아닌지 점검하게 함으로써 궁극적으로는 부모와 자녀가 같이 행복해지는 데 기여하고자 하는 것이다.

사랑의 순위와 합의

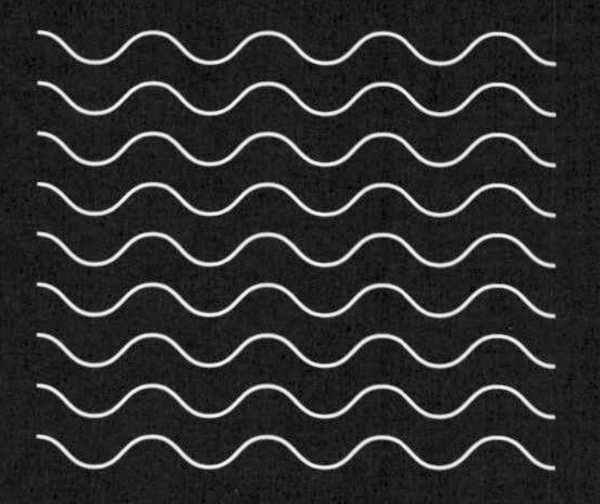

나는 엄마다
딸이 나를 엄마라고 부르고
내가 또 새끼를 근엄하게 훈계하고
먹여서 기르니
나는 엄마다
엄마이기 때문에
나는 엄마 행세를 한다
그건 안 돼!
하지 마!
때릴 거야!

그 전엔 난 엄마가 아니었다
어렴풋한 기억 저편
나에게도 엄마가 있었다
두 눈이 전우주를 향해 열려 있고
손가락들이 명왕성 해왕성을 꼬집고 놀 때
나에게도 엄마가 있었다
나의 엄마도 나에게 엄마 행세를 했다
별 떨어질라 푸르른 창공 아래엔
지붕을 덮고
바람 불라 넓은 벌판 한가운데
벽을 세우는
엄마가 있었다

엄마는 늘 말씀하셨다
시야를 좁게 가져라
저 까만 우물을 향해 투신해라
영혼을 아무데나 흘리고 다녀선 안 된다
그래서 나도 엄마가 될 수밖에 없었다
어린 자식의 시야에 칸을 지르고
널푸른 영혼에 금을 긋고
우물을 파는
자못 교훈적인 엄마가 되었다

— 김혜순, 「엄마」, 『아버지가 세운 허수아비』, 문학과지성사

거의 불리진 않지만 나에게 '문소'라는 호를 지어주신 선생님은 몇 년 전 지리산에서 사람의 인생은 편식과 편견과 편애로 이루어진다고 말씀하셨다. 나는 '편식'에 움찔했고, '편견'에는 눈을 깜빡였으나, '편애'에서 고개를 끄덕였다.

편애는 사랑에 순위가 있음을 의미한다. 순위가 매겨지는 곳이 사랑하는 나의 마음인지, 내가 사랑하는 대상인지는 알 수 없으나, 사랑의 순위는 대체로 사랑하는 대상이 둘 이상인 경우에 존재한다.

사랑하는 대상이 둘 이상인 경우에도 순위가 존재하지 않을 수 있다. 내가 두 아이를 사랑하는 마음에도, 두 아이 자체에도 순위는 없다. 물론 자기 아이들이라고 해서 언제나 순위가 없는 것은 아니다. 박경리의 소설 『김약국의 딸들』에서, 김약국은 다섯 명의 딸 중에 막내딸 용혜를 가장 사랑하여 임종을 앞두고 '노오란 머리칼이 물결치는' 용혜를 오래 오래 보고 있었다.[93]

반면, 겉으로는 사랑의 순위가 있어 그 중 하나를 선택하는 것처럼 보여도 사실은 아예 사랑이 문제가 아닌 경우도 있다. 앨런 퍼쿨러 감독의 영화 〈소피의 선택〉에서, 소피(메릴 스트립 분)는 아우슈비츠 수용소에서 그녀의 아들과 딸 중 가스실로 보낼 아이 하나를 선택하라는 강요를 받고, 두 아이 중 하나라도 살리기 위해 몸이 약한 딸을 가스실로 보냈다. 소피가 나치의 협박에 가스실로 보낼 아이로 딸을 선택한 것은 아들과 딸에 대한 사랑의 순위 문제가 아니라 반인륜적인 나치의 명령에 따를 수밖에 없었던 부조리한 시대 때문이다. 결국 아들도 살리지 못했으니, 처음부터 소피가 '선택'할 수 있는 것은 없었다. 그럼에도 소피는 표면적인 선택의 대가로 죄책감에 시달리다 결국 파멸에 이르렀다.

한편, 나와 사랑하는 대상 둘 사이에서 서로에 대한 순위가 다를 수도 있다. 나는 상대방을 1순위로 사랑하는데, 상대방은 나를 3순위로 사랑하는 것이다. 고레에다 히로카즈 감독의 영화 〈원더풀 라이프〉에서, 사람이 죽으면 생전에 가장 행복했던 기억 하나를 골라 이를 영상으로 재현한 후 그 기억만 간직한 채 천국으로 가는데, 오랜 세월 해로한 와타나베 부부 중 남편(나이토 타케토시 분)은 처와 영화를 본 후 근처 공원의 벤치에 함께 앉아 있던 순간을 골랐으나, 그 처는 남편을 만나기 전 정혼했으나 태평양 전쟁에서 사망한 남자와 함께 앉아 있던 순간을 골랐다.

사랑의 순위 문제는 일상에서 갓 태어난 동생을 질투하는 어린아이나 아들에 비해 경제적 지원을 덜 받는 딸 등 다양한 형태로 나타나지만, 수사나 재판 과정에서도 부각되는 경우가 있다. 예컨대, 친족 사이에 발생한 사건에서, 특히 자식이 부모를 때리거나 남편이 처를 때리는 것 같은 가정폭력범죄에서 피해자가 가해자에 대한 처벌을 원하지 않는 경우에서 뜻하지 않게 사랑의 순위를 엿보게 된다. 우리 형법상 폭행죄는 반의사불벌죄이므로 피해자가 가해자에 대한 처벌을 원하지 않으면 가해자는 처벌받지 않게 된다. 그런데 이런 경우 가해자가 자신의 잘못을 깊이 반성하고 자신을 용서해준 피해자에게 감사하기보다는, 다시 피해자를 폭행하고 용서해줄 것을 요구하고, 용서해주지 않는다고 또 폭행하는 것이 전형적인 패턴이다. 현행 형사소송법에 따라 경찰은 기소 의견인 사건만 검사에게 송치하는데,

가정폭력범죄의 처벌 등에 관한 특례법은 가정폭력범죄에 대해서는 모든 사건을 검사에게 송치하도록 규정하고 있다. 이는 가정폭력범죄의 위와 같은 특성, 즉 가해자와 피해자의 관계에 비추어 범죄의 발생이 은폐되기 쉽고, 재범 가능성도 높은 특수성을 반영한 것이라 할 수 있다.

나는 그런 기록을 받으면 피해자의 진술을 유심히 읽곤 했다. 나는 정말 궁금했다. 피해자가 가해자에 대한 처벌을 원하지 않는 것은 가해자를 사랑하기 때문일까. 피해자는 가해자가 자신을 사랑하는 것보다 더 가해자를 사랑하는 것일까. 가해자는 과연 피해자를 사랑하는 것일까. 부부나 부모자녀 같은 관계는 일응 사랑이 추정되는 관계이지만, 일방이 상대방을 때리는 것과 같은 특별한 사정이 있으면 그 추정은 깨졌다고 봐야 하지 않을까. 여러 사건의 기록들을 봤지만 나의 의문이 해소된 적은 없었고, 처음부터 의문이 해소되기를 기대하지도 않았다. 다만, 어떤 종류의 범죄에서는 사랑의 순위에 관한 문제가 범죄의 발생부터 처분, 수사기관의 역할 분담까지 영향을 미친다는 생각이 들었다.

사랑의 순위가 가해자와 피해자 양자 사이의 문제일 때, 즉 피해자가 직접 자신의 피해에 대하여 진술하는 경우에는, 위와 같은 의문이 해소되지 않았을 뿐 크게 마음이 불편하지 않았다. 그런데 피해자가 가해자와 합의를 하거나 처벌을 원하지 않는 의사를 표시할 때 제3자가 개입하는 경우가 종종 있다. 피해자가 미성년자인 경우가 대표적인데, 이때 피해자와 가해자와 제3자 사이의 사랑의 순위가 노골적으로, 아프게 드러날 때가 있다.

나는 몇 번째?

성폭력 및 아동학대 전담을 맡고 있던 시절, 친부가 딸을 강간 및 추행하여 구속된 사건이 송치되었다. 범행은 피해자가 초등학교 3학년 때부터 중학교 2학년 때까지 수년 동안 계속되었다. 친부는 혐의를 부인했고, 수년에 걸친 사건이라 명백하지 않은 부분이 있어 피해자를 직접 조사할 필요가 있었다. 오랫동안 친부의 범행으로 고통을 당하고, 이미 경찰 수사과정에서 진술한 피해자를 상대로 한 번 더 이를 복기하는 고통을 주고 싶지 않아 고민했으나, 친부가 조사 도중 '걔(피해자)도 그걸(성관계) 즐겼어요'라는 말을 한 순간 결심했다. 입증이 부족해 친부가 처벌을 면하거나 가벼운 처벌을 받게 할 수는 없다. 동시에 머릿속에 떠오른 길지 않은 단어가 말로 나오지 않도록 심호흡을 했다.

당시 피해자는 집을 나와 어떤 보호기관에서 거주하고 있었다. 나는 우리 방 여성 수사관과 함께 그 보호기관에 찾아가 피해자를 만났다. 피해자와 나눈 대화의 내용을 조서로 작성하지 않는 대신, 피해자의 동의를 얻어 대화의 전 과정을 휴대전화로 녹음했다. 범죄사실과 관련해서는 비교적 차분하게 진술하던 피해자는 자신의 엄마와 관련된 이야기를 할 때는 말을 잘 하려 하지 않았다. 그럴 만했다. 친부의 범행이 시작된 무렵 피해자는 그 사실을 친모에게 알렸고, 친모는 '남편이 앞으로는 안 그러겠지'라는 생각으로 경찰에 신고하지 않았고, 다른 조치를 취하지도 않았다. 나는 피해자가 친부의 범행을 알면서도 자신을 보호하기 위한 어떠한 일도 하지 않은 엄마에게 어떤 감정을 느꼈을지 알 수 없었지만, 속이 불편해졌다.

나는 친부를 기소하기 전에 친모도 조사했다. 두 가지 목적이 있었다. 첫 번째는 혹시라도 피해자를 찾아가거나 연락해서 친부에 대한 합의서나 처벌불원서를 써달라고 종용하지 말라는 경고를 하기 위해서였다. 친부는 조사받는 내내 자신이 처와 얼마나 사이가 좋은지를 과시했다. 나는 친부와 친모 사이에 피해자 외 다른 아이도 있다는 사실에 비추어 볼 때, 친모가 단독으로 또는 친부의 지시로 피해자를 강요하여 합의서나 처벌불원서를 받을 위험이 있다고 생각했다.

두 번째 목적은 친부의 범행이 시작된 무렵 피해자로부터 친부의 범행을 직접 듣고도 아무런 조치를 취하지 않은 친모의 부작위가 아동학대에 해당하는지 판단하기 위해서였다. 아동복지법은 '자신의 보호 · 감독을 받는 아동을 유기하거나 의식주를 포함한 기본적 보호 · 양육 · 치료 및 교육을 소홀히 하는 방임행위'를 처벌하도록 규정하고 있는데, 나는 딸의 성폭력 피해를 알고도 아무런 조치를 취하지 않은 것이 '기본적 보호를 소홀히 하는 방임행위'에 해당할 수 있다고 생각했다. 그리고 만약 위 혐의가 인정된다면, 친모를 입건해서 기소할 필요가 있는지 여부도 같이 판단하기 위해서였다. 우리 법은 범죄의 혐의가 인정되는 경우에도 검사에게 기소 여부에 대한 재량을 부여하고 있는데, 이러저러한 사정으로 기소하지 않을 가능성이 높다면 굳이 입건할 필요가 없기 때문이다.

친모는 조사 과정에서 '아동학대'라는 말을 듣자마자 흥분했다. 오래전에 공장에서 12시간씩 일하면서 아이들을 키운 얘기부터 시작해서 남편이 구속된 후로 자신이 전적으로 생계를 책임지느라 너무 힘들다는 얘기를 하다가, 내가 다른 사실을 질문하면 짧게 대답한 후, 다시 위 얘기들로 돌아갔다.

내 질문은 간단했다. 피해자로부터 처음 남편의 범행 사실을 들었을 때 왜 경찰에 신고하지 않았냐고. 친모도 간단하게 대답했다. '아빠인데 설마 더 심한 행동은 하지 않겠지, 설마 더는 그러지 않겠지'라고 생각했고, 그 이후로 피해자가 다시 얘기하지 않아서 실제로 더 안 하는 줄 알았다고. 나는 다시 물었다. 앞으로 안 한다고 믿은 건 그렇다치고, 이미 발생한 일에 대해서는 왜 아무런 조치를 취하지 않았냐고, 최소한 남편에게 직접 '앞으로 안 그러겠다'라는 다짐도 안 받은 이유가 무엇이냐고. 사실상 첫 질문과 같은 질문이었고, 친모도 첫 대답과 똑같이 대답했다.

나는 친모에 대한 조사 후, 아동복지법상 방임행위에 관한 판례 및 학계의 논문 등을 종합하여 친모가 피해자가 친부로부터 성폭력 범죄를 당한 사실을 알고도 아무런 조치를 취하지 않은 것이 아동복지법상 방임행위에 해당한다는 결론을 내렸다. 그러나 그녀를 입건해서 기소할지 여부는 또 다른 문제였다. 본인 말마따나 남편이 구속된 후 혼자서 본인과 피해자를 포함한 아이들의 생계를 책임지고 있는 상황이 친모의 입건을 망설이게 했다. 나는 한 번 더 그녀에게 피해자로부터 합의서를 받으려는 생각은 꿈도 꾸지 말라고 경고한 후 돌려보냈다.

그러나 결국 나는 친모를 아동복지법위반으로 입건하여 기소하였는데, 범죄사실은 두 가지였다. 하나는 앞서 말한 방임행위, 즉 피해자로부터 친부의 범행을 전해듣고도 아무런 조치를 취하지 않아 친부가 그 이후 수년간 범행을 지속하도록 방치한 사실이고, 다른 하나는 정서적 학대행위였다.

친부를 기소한 지 얼마 지나지 않아 피해자를 보호하고 있던 보호기관으로부터 친모가 피해자에게 친부에 대한 합의를 종용하고 있다는 사실을 들었다. 확인해보니 친부는 친모 및 피해자에게 처벌불원서를 써달라는 내용의 편지를 수회 보내거나 교도소에 접견 온 친모에게 직접 요구하였고, 이에 친모는 피해자에게 '아빠가 곧 죽게 생겼으니 용서해주면 안 되겠냐, 네가 판사님한테 탄원서라도 써주는 게 좋지 않겠냐'라는 취지로 말했던 것이다.

나는 다른 사람도 아닌 친모가, 친부의 범행 사실을 알고도 아무런 조치를 취하지 않아 그 후 수년간 지속된 범행에 일정 부분 책임이 있음에도, 오히려 피해자에게 친부를 용서해달라, 탄원서를 써달라고 요구하는 것이 아동복지법이 규정하는 '아동의 정신건강 및 발달에 해를 끼치는 정서적 학대행위'에 해당할 수 있다고 생각했다.

친모에 대한 혐의가 방임행위 하나뿐이라고 생각했을 때의 망설임은 혐의가 두 배로 늘어나자 사라졌다. 그리고 '설마 더는 그러지 않겠지'라는 무책임한 기대로 그 후의 범행을 방치한 것보다, 그 모든 사실을 다 알고도 '곧 죽게 생겼다'고 하소연하는 남편을 우선시하여 용서해달라는 그 언행이 피해자에게 더 큰 고통과 상처를 주었을 수도 있겠다고 생각했다. 피해자는 자신을 성폭행한 사람을 위해서 탄원서를 써달라는 친모를 보면서 어떤 생각을 했을까. '엄마는 나보다 아빠를 더 사랑하는 걸까. 나를 사랑하기는 하는 걸까. 어쩌면 동생보다도 덜 사랑하는 게 아닐까.' 그 후로 피해자를 본 적이 없어 피해자가 무슨 생각을 했는지 물어볼 기회도 없었지만, 차마 물어볼 수 있었을까 싶기도 하다. 어떤 질문은 대답을 듣기도 전에 질문자부터 아프게 한다.

사랑과 중립

당시 부장은 친모의 입건에 반대했다. 이유는 두 가지

였다. 하나는 내가 처음에 친모의 입건을 망설였던 것과 같은 이유였고, 다른 하나는 법리적인 이유였다. 부장은 두 가지 혐의 모두에 부정적이었다. 방임 혐의에 대해서는 피해자로부터 친부의 범행에 대해서 딱 한 번 들었다는 사실로부터 그 후 수년간의 범행 모두를 방치한 책임이 인정될 수 있는지 의문이고, 정서적 학대 혐의에 대해서는 친부의 처로서 딸에게 그 정도 얘기는 할 수 있지 않느냐는 것이었다. 특히 정서적 학대 혐의에 대해서는 선례가 없다는 점도 중요한 이유였다. 나는 선례가 없는 사건에 대한 입건은 신중해야 한다는 부장의 입장에 충분히 공감했기 때문에, 수사정보시스템의 판결문 검색 기능을 통해 그 무렵까지 전국 법원에서 선고된 정서적 학대행위에 관한 판결들을 모두 찾아보았으나, 친모의 행위와 같이 친족성범죄의 피해자에게 다른 친족이 합의를 종용하는 행위에 대하여 정서적 학대행위로 기소된 사건은 찾지 못했다.

나는 선례가 없다는 것이 문제가 없다는 뜻은 아니고, 문제가 있는 상황에서 선례가 없다는 것은 그 문제에 대한 사법적 대응이 이루어지지 않고 있다는 뜻이므로, 적어도 그런 문제가 위법한지 아닌지 재판을 통해 확인할 필요가 있다고 부장을 설득했다. 예상대로 부장은 내 말에 동의하지 않았으나, 최종 결재자가 아니기 때문에 다시 나를 설득하려 하지 않고, 차장실로 기록을 보냈다.

선례가 없다고 해서 문제가 없는 건 아니라는 말은, 부장을 설득하기 위해 그냥 해본 말은 아니었다. 실제로 친모의 행위와 같은 행태가 친족성범죄 사건에서 종종 발생하고, 이에 대한 문제의식 또한 존재한다.

2018년 5월 21일, 손금주 의원의 대표발의로, 아동학대의 개념을 정의하는 아동복지법 제3조 제7호 중 '아동의 보호자가 아동을 유기하거나 방임하는 것'에 '친족성폭력 피해 아동 · 청소년에 대한 비보호적 부모행위'를 추가하자는 내용의 아동복지법 일부개정법률안(의안번호 2013666, 이하 손금주 의원안)이 발의되었다.[94] 손금주 의원안은 개정 이유로 '친족성범죄는 주로 부모나 형제에게 피해를 입는 경우가 많아 한국 사회의 구조적 특성상 피해를 털어놓기 어렵고, 특히 피해를 고백해도 사건을 덮으려 하거나 "너만 입을 다물면 아무도 피해보지 않는다"고 가해자를 감싸는 가족들로 인해 더 큰 고통을 받는 경우가 많은 현실임. 이에 친족성폭력 피해 아동 · 청소년에 대한 비보호적 부모행위를 아동학대에 포함시켜 친권을 제한하고, 더욱 강력한 처벌을 할 수 있도록 하기 위함'이라고 제시하였다. '비보호적 부모행위'라는 개념이 모호하기는 하나, 적어도 친모의 행위가 '비보호적 부모행위'에 해당한다고 보기에는 무리가 없다.

손금주 의원안은 20대 국회의 회기 만료로 폐기되었으나, 현재 국회에도 유사한 취지의 법안이 발의되어 있다. 2023년 4월 27일 정춘숙 의원의 대표발의로, 아동복지법 제17조에 제6호의 2를 신설하여 '친족 성폭력(「성폭력범죄의 처벌 등에 관한 특례법」 제5조에 따른 친족관계에 의한 강간 등을 말한다)으로 피해를 입은 아동의 부모가 해당 아동을 구호(救護)하지 아니하거나 가해자로부터 아동을 보호하지 아니하는 행위'를 처벌하자는 내용의 아동복지법 일부개정 법률안(의안번호 2121691, 이하 정춘숙 의원안)이 그것이다.[95] 정춘숙 의원안은 개정 이유로 '친모가 친부의 아동 성학대 사실을 알게 되었음에도 아무런 조치를 취하지 않은 사건에 대하여 아동복지법위반(아동유기 · 방임)을 인정한 바 있듯이, 피해아동의 부모가 아동을 구호하지 아니하거나 가해자를 비호하기 위해 아동을 비난 · 회유 · 협박하는 등 가해자로부터 아동을 보호하지 아니하는 것이 금지행위에 해당하는 행위임을 명시해야 할 필요가 있다'고 하였는바, 위 개정 이유에서 명시한 '친모가 친부의 아동 성학대 사실을 알게 되었음에도 아무런 조치를 취하지 않은 사건' 및 '피해 아동의 부모가 가해자를 비호하기 위해 아동을 회유'하는 부분은 친모에 대한 두 가지 혐의와 정확히 일치한다.

손금주 의원안과 정춘숙 의원안을 통해 알 수 있는 점이 두 가지 있다. 하나는 친족성범죄 사건에서 친모의 행위와 같은 행태가 극히 예외적인 것이 아니라 법률로 미리 규율할 필요성이 있을 정도로 종종 발생한다는 점이다. 또 다른 하나는 2018년에 제안된 법안과 유사한 취지의 법안이 2023년에 제안될 정도로 그 동안에 입법적 변화가 없었다는 점이다.

나는 친부를 기소한 후 교도소에 수감된 친부로부터 편지를 받았다. 아마도 친모를 통해 내가 피해자로 하여금 친부에 대한 탄원서를 쓰지 못하게 한다고 들었는지, 몇 장에 걸쳐 정성스럽게 나를 협박하는 내용이었다. 나를 어떻게 한다는 부분은 재미없는 소설처럼 읽었으나, 내 아이들을 들먹이는 부분에선 어떤 인간의 본성은 성악설로 설명할 수밖에 없다고 생각했다. 이번엔 머릿속에 떠오른 길지 않은 단어가 입 밖으로 나오는 것을 막지 않았다. 그리고 자신을 기소한 검사에게 그 정도의 협박을 하는 사람이, 자신이 완벽하게 지배하고 있다고 생각하는 처와 딸에게는 어떨지 생각했다.

나는 친부에 대한 사건을 담당하는 재판부에 친부가 친모를 통해서 피해자에게 합의를 종용하고 있다는 사실을 알렸고, 설령 피해자로부터 탄원서가 제출된다고 하더라도 이를 양형에 반영해서는 안 된다는 의견을 전달했다. 재판장 또한 피고인에게 '피해자에게 탄원서를 제출해달라고 요구하지 말라, 탄원서가 들어와도 고려하지 않겠다'라는 경고를 했다고, 공판검사로부터 전해들었다. 이후 친부는 중형을 선고받았다.

몇 달 후 친모에 대한 1심 판결이 선고되었고, 친모는 방임행위에 대해서는 유죄가, 정서적 학대행위에 대해서는 무죄가 선고되었다.[96] 입건 단계에서 검찰 내부에서도 의견이 갈린 만큼 나는 법원의 결론 자체는 충분히 이해할 수 있었다.

그러나 무죄 부분의 이유로 친모가 '피고인의 처로서 피고인의 방어권 행사를 위하여서 누구보다도 앞장서서 도움을 주어야 할 입장인 점', '피고인의 처이자 피해자의 어머니로서 피해자에게 나름의 배려를 갖추고 중립적 입장에서 탄원서를 제출할 수 있음을 알린 것이라고 보이는 점'을 든 것은 이해하기 어려웠다.

친모는 피해자의 신체적, 정신적 고통에 대하여 친부와 함께 책임을 져야 할 장본인이자 피해자의 유일한 보호자로서, 이러한 친모의 지위는 '피고인의 처로서 피고인의 방어권 행사를 위하여서 누구보다도 앞장서서 도움을 주어야 할 입장'과 결코 동등한 의미를 가질 수 없다.[97] 친모가 피해자에게 피해자를 강간 및 추행한 사람을 용서해달라는 것이 어떻게 '중립적 입장'인가. 그건 그냥 친부의 입장이다. 어쩌면 딸보다 남편을 더 사랑하는 친모의 입장일 수도 있다. 어느 쪽이든 중립적 입장은 아니다. 무엇보다, 사랑에 중립이 있을 수 있을까.

합의와 정의

아마도 법원은 결과적으로 피해자가 피고인에 대한 탄원서를 제출하지 않은 점을 고려한 것으로 보이지만, 피해자의 고통은 탄원서의 작성이나 제출 여부가 아니라, 피해자가 가장 사랑하고 의지하는 엄마가 자신을 수년 동안 강간 및 추행한 사람을 용서해달라고 말하는 그 상황 자체에 있다. 아마도 그건 '영혼에 금을 긋는' 것과 같은 고통일 것이다. 내가 가장 사랑하는 사람이 나를 가장 사랑하지 않는다는 사실은 모든 사람에게 정도가 다른 상처를 준다. 어떤 사람에게는 그 상처가 '정신건강 및 발달에 해'가 될 정도인 것이다. 나는 친모가 피해자에게 한 요구가 바로 그런 경우라고 생각한다.

그런데 친부는 왜 그렇게 피해자의 탄원서를 받아내려고 했을까. 그 이유는 우리 형사절차에서 합의는 가장 중요한 양형 요소이기 때문이다. 모욕죄처럼 피해자의 고소를 요구하거나 폭행죄처럼 처벌불원의사가 없을 것을 요구하는 범죄가 아니더라도, 피해자와의 합의 또는 처벌불원의사가 표시된 경우 가해자는 구속을 면하거나 가벼운 형을 선고받을 가능성이 대폭 높아진다.

합의는 수사기관에도 나쁘지 않은 일이다. 혐의 유무가 애매해서 결정을 내리지 못하고 있는 사건에 합의서가 제출되면 반갑다. 각 검찰청마다 형사조정위원회를 두고 검사실에서 형사조정을 의뢰하는 사건의 피의자와 고소인 등 관련자 사이의 합의를 중재하고, 그 실적을 챙기고 있다. 나도 검사였던 시절에 고민하던 사건에서 합의서가 들어오면 한시름 덜었고, 피의자나 고소인 중 어느 한쪽이 형사조정을 원하면 상대방에게 그 의사를 물어 형사조정을 의뢰해주기도 했다.

그러면서도 나는 합의를 좋아하지 않는다고, 수사관과 실무관이 있는 검사실에서나, 같은 부 검사들과 점심을 먹는 자리에서, 종종 말하곤 했다. 어쩌면 그들 중 누군가는 '합의 덕을 보면서 합의를 싫다고 하다니 위선적이군'이라고 생각했을지도 모른다. 내가 합의를 좋아하지 않는다고 해서 합의하겠다는 당사자들을 말릴 수도 없고, 말릴 이유도 없다. 합의로 인해 사건의 처분 결과가 당사자들에게 만족스럽다면 그 사람들에게 좋은 것이지, 나한테 좋을 것도 없다.

내가 합의를 좋아하지 않은 이유는 두 가지였다. 첫째는 이론적으로, 합의가 정의를 추구하는 형사법의 본질에 부합하지 않는다고 생각했다. 국가가 형벌권을 독점한 이후 사람들은 부정의 또는 자신의 법익에 대한 불법한 침해에 대해서는 국가가 이를 확인하여 가해자에게 형벌을 부과함으로써 침해된 정의 또는 법익이 회복된다고 믿어왔다. 즉 피해자와 가해자의 관계는 국가를 매개로 한 정의와 부정의, 보호받아야 할 가치와 이를 침해한 위법의 관계로, 도덕적으로 결코 대등한 관계가 아니었다. 그러나 합의는 가해자가 마치 피해자와 동등한 지위에 있는 계약 상대방처럼 돈을 매개로 침해된 정의의 정도와 종료 시기를 협상하는 것을 가능하게 한다는 이유였다. 둘째는 실무적으로, 가해자의 참회나 피해자의 용서는 종교적인 문제일 뿐만 아니라 양심의 문제로, 그 정도와 양을 측정할 방법이 없어, 구체적인 양형기준에 따라 처벌의 종류와 수준을 결정해야 하는 형사절차에서 고려하기에 적합하지 않다는 이유였다.[98]

이창동 감독의 영화 〈밀양〉에서, 신애(전도연 분)는 아들이 유괴되어 살해당한 후 종교에 귀의하여 아들의 살인범을 용서하겠다고 교도소에 면회하러 갔다가 살인범이 평온한 표정으로 '나는 이미 하나님께 용서받았다'고 말하자 큰 충격을 받고 '내가 그 인간을 용서하지 않았는데 어떻게 하나님이 먼저 용서할 수 있냐'고 울부짖는다. 신애는 하나님이 살인범을 신애나 신애의 아들과 똑같이 사랑한다는 사실도 감당하기 힘들 것인데, 하물며 '살인범을 더 사랑하는 것처럼' 신애가 용서하기도 전에 먼저 용서했다는 사실은 도저히 받아들일 수 없을 것이다. 이후 신애의 폭주는 하나님의 사랑에 순위가 있다면 신애나 신애의 아들이 살인범보다는 앞자리를 차지해야 하지 않느냐고 묻는 것처럼 보인다. 2023년 5월경 처음 본 여성을 강간할 의도로 뒤따라가 돌려차기로 머리를 차고, 의식을 잃은 여성의 머리를 밟는 등 살해하려 한 사건[99]의 피해자는 1심 법원이 피고인이 '대체적으로 자신의 잘못을 인정하고 있는 점을 유리한 정상으로 참작'한 사실[100]에 대하여 '피해자가 용서하지 않겠다는데 왜 판사가 마음대로 용서하나'라고 항의했다.[101]

나는 종교인이 아니라 피해자의 용서나 가해자의 참회가 종교적으로 어떤 의미가 있는지는 모르지만, 형사법상 피해자의 용서가 합의나 처벌불원의사로, 가해자의 참회가 피의자 또는 피고인의 반성으로, 각 유리한 양형 요소로 기능하는 것 자체를 부정하는 것은 아니다. 똑같은 잘못을 해도 진심으로 자신의 잘못을 반성하고 피해자에게 사과하면서 피해를 배상하는 사람과 그렇지 않은 사람에 대하여 서로 다른 형을 선고하는 것은 합리적이다. 우리 형법이 형을 정함에 있어서 참작하여야 할 사항의 네 번째로 '범행 후의 정황'을 규정하고 있는 것도 위와 같은 의미에서 이해할 수 있다.

그러나 합의가 모든 형사사건에서 '만능키'처럼 사용되어서는 안 된다. 살인죄 또는 신체나 정신에 큰 후유장해를 남기는 범죄처럼 피해자의 용서가 불가능하거나 피해를 사후에 회복할 수 없는 사건들이 있다. 재산범죄라고 해서 언제나 그 피해를 회복할 수 있는 것도 아니다. 보이스피싱 피해자들 중 일부는 금전적 손해와 그로 인해 파생된 가정, 직장 내 여러 문제로 고통을 겪다가 자살에 이르기도 한다.

친족간 성범죄처럼 피해자가 자신의 의사를 온전히 표시하기 어려운 구조의 사건에서도 합의나 처벌불원의사를 양형에 고려해서는 안 될 것이다. 피해자가 아동인 경우는 물론이고, 성인인 경우에도 문제의 본질은 다르지 않다. 법적인 의미에서의 강요에 의한 의사표시가 아니더라도, 자신과 다른 가족의 생계에 대한 걱정, 가장 사랑하고 의지하는 다른 친족의 '부탁'을 거절하기 미안한 마음 등 피해자의 고통과 상처의 회복과는 직접적으로 관련이 없는 사정으로 가해자에 대한 탄원서를 제출할 가능성이 많기 때문이다. 설령 피해자가 스스로 이를 선택했다고 하더라도, 실제로는 애초에 선택의 여지가 없는, '소피의 선택'과 같은 것일 수도 있다.

범죄의 피해자가 된다는 건 고통스러운 일이다. 사랑이 추정되는 관계인 가까운 친족으로부터 피해를 당하는 건 고통의 가중요소다. 고통은 이미 충분하니, 가해자의 유리한 양형을 위한 합의서 내지 처벌불원서를 위하여 피해자에게 사랑의 순위에서 밀려났음을 확인하는 고통까지 더해 줄 이유는 전혀 없지 않을까.

사랑의 효율과 중독

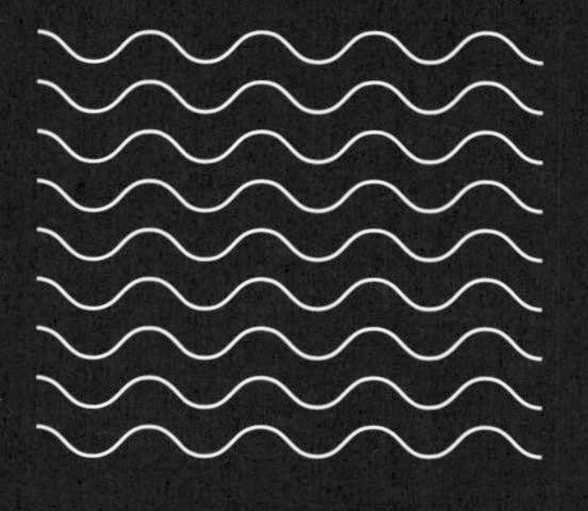

저 달이 걸어오는 밤이 있다
달은 아스피린 같다
꿀꺽 삼키면 속이 다 환해질 것 같다

내 속이 전구알이 달린
크리스마스 무렵의 전나무같이 환해지고
그 전나무 밑에는
암소 한 마리

나는 암소를 이끌고 해변으로 간다
그 해변에 전구를 단 전나무처럼 앉아
다시 달을 바라보면

오 오, 달은 내 속에 든 통증을 다 삼키고
저 혼자 붉어져 있는데, 통증도 없이 살 수는 없잖아,
다시 그 달을 꿀꺽 삼키면
암소는 달과 함께 내 속으로 들어간다

온 세상을 다 먹일 젖을 생산할 것처럼
통증이 오고 통증은 빛 같다 그 빛은 아스피린 가루 같다
이렇게 기쁜 적이 없었다

— 허수경, 「달이 걸어오는 밤」, 『청동의 시간 감자의 시간』, 문학과지성사

마약 전담 업무를 하던 시절, 구속 피의자에 대한 조사를 마친 후 나는 피의자에게 질문을 하나 했다. "필로폰을 왜 하는 거예요?"

그 피의자에 대한 범죄사실에 필로폰 투약이 있었기 때문에 필로폰이라고 특정한 것이지, 다른 종류의 약물이었다면 그 이름을 말했을 것이다. 나의 궁금증은 그 피의자나 필로폰에 특정된 것이 아니라 보다 일반적인 것이었다. 마약을 왜 할까. 범죄사실의 동기와 관련된 내용이지만 실제 조사에서 위와 같은 질문은 거의 하지 않았다. 아마도 '프로'(피의자 및 수사관 모두)는 저런 '아마추어' 같은 질문과 그에 대한 대답의 필요성을 느끼지 못할 수도 있다. 하지만 나는 마약 사건 기록을 볼 때마다 늘 궁금했다. 살다가 가끔은

'아마추어' 같은 질문을 던지고 싶을 때가 있지 않나. 어떤 삶이 좋은 삶일까. 아니, 행복한 삶일까. 삶에 어울리는 형용사는 무엇일까.

그러나 그 피의자는 진정한 '프로'였기 때문인지, 이미 돌아갈 채비를 끝낸 교도관을 기다리게 하는 게 미안해서인지, 아니면 검사가 자신을 놀린다고 생각한 건지, 나를 한 번 쳐다볼 뿐 아무 대답도 하지 않고 교도관과 함께 사무실에서 나갔다.

나는 그 피의자의 태도에 상처받지 않았다. 피의자에게 이미 조사를 마친 후 피의자신문조서에 들어가지 않는 질문에 대답할 의무는 없었다. 그 질문이 꼭 필요했다면 나는 조사 과정에서 했어야 했다. 물론 피의자에게는 진술거부권이 있으므로, 조사 과정에서도 대답을 하지 않을 수 있다.

하지만 세심한 우리 방 수사관은 내가 상처받았다고 생각했는지, "제가 대신 대답해드릴게요"라고 말했다. 수사관은 나와 같이 근무하기 전 어떤 피의자에게 내가 한 것과 똑같은 질문을 했다고 한다. 나는 '아마추어' 같은 의문을 나만 갖고 있는 게 아니라는 사실에 괜히 기뻤다. 미지의 피의자가 수사관에게 했다는 대답은 다음과 같은 내용이었다.

"계장님이 기분이 별로라서 친구를 만나 술 한 잔 하고 싶다고 생각해보세요. 그럼 먼저 친구들한테 연락을 해서 시간이 되는 사람을 찾아야 하고, 시간과 장소를 정해야 하고, 술집 예약도 해야 되잖아요. 그렇게 해서 술집에 가서 친구랑 술을 마시면 기분이 좋아지겠죠. 어떤 술을 마시느냐에 따라 다르지만 돈도 꽤 들잖아요. 술값에 교통비에. 그러니까 기분이 좋아지는데 최소한 몇 시간이 걸리고, 비용도 많이 드는데, 그건 되게 비효율적이잖아요. 그런데 필로폰을 하면 단 몇 초만에 기분이 좋아지고, 기분 좋은 상태가 몇 시간 가거든요. 드는 돈을 생각해도 훨씬 경제적이죠."

'효율'은 내가 예상했던 답안의 후보에 없는 말이었다. 수사관은 단지 미지의 피의자가 한 말을 전달한 것에 불과했으나, 나는 마치 수사관 본인의 대답인 것처럼 "그렇게 기분이 좋아졌다가 몇 개월 또는 몇 년을 감옥에서 살아야 하는데, 그건 비효율적인 거 아닌가요"라고 따졌다. 수사관이 뭐라고 대답했는지는 기억나지 않는다.

만약 미지의 피의자가 '효율'을 필로폰에 대한 접근성이 좋다는 뜻으로 사용한 말이라면, 어느 정도는 이해되었다. 기분이 좋아지고 싶을 때 필로폰을 투약하는 것이 효율적이라는 말은 일단 기분이 좋아지고 싶을 때마다 바로 필로폰을 구하는 것이 어렵지 않다는 뜻이기 때문이다.

마약 사건 기록을 보면 나처럼 전자기기의 사용에 능숙하지 않고 인터넷으로 책 이외의 물건은 잘 사지 않으며 중고거래를 해본 경험이 전혀 없는 사람도 마약류는 쉽게 살 수 있을 것 같았다. 일단 휴대전화에 텔레그램을 깔고, '아이스', '캔디', '허브' 등 원하는 마약류의 은어를 검색한 후 매도인에게 돈을 보내고, '드라퍼'가 주택가 빌라의 우편함, 소방함 등 구석에 섬세하게 '던지기'한 상품을 수거하면 끝이다. 매도인과 매수인 모두 상대방이 누군지 모르고 알려고도 하지 않는 상태에서 이토록 신속하고 정확하게 거래가 성사되는 것이 인터넷과 교통의 발전 때문인지, 서로 믿고 사는 미풍양속 때문인지, 스스로도 믿지 않는 이유를 생각해보기도 했다.

대검찰청 통계에 의하면, 2022년 마약, 필로폰 등 향정신성의약품, 대마를 모두 합한 전체 마약류사범은 총 18,395명으로 전년도의 16,153명에 비하여 13.9% 증가하였다. 마약류사범 중에는 향정신성사범이 65.4%, 대마사범이 20.7%, 마약사범이 13,9%를 차지하였다. 범죄 유형별로는 투약사범이 46.1%로 가장 많은 비중을 차지하였으나 전년도에 비해서는 3.8% 감소한 대신, 밀수 등 공급사범은 전년도 대비 20.9% 증가하여 전체 마약류 사범의 26.6%를 차지하는 것으로 나타났다.[102] 마약류에 대한 수요가 늘어서 공급이 증가한 것인지, 공급이 증가해서 수요가 늘어난 것인지 그 선후관계는 알 수 없으나, 적어도 우리나라에서 마약류에 대한 접근이 어렵지 않다는 사실은 분명해 보인다.

미지의 피의자는 '효율'의 의미를 구체적으로 얘기하지 않았기 때문에, 어쩌면 수사관이 구체적으로 전달하지 않았기 때문에, 그 의미를 접근성으로 추측하는 것만으로는 내 의문을 완전히 해소할 수 없었다. '효율' 자체가 내가 원하는 대답이 아니라서 그랬는지는, 내가 원하는 대답이 무엇인지 몰랐기 때문에 알 수 없었다. 그런 상태에서 미지의 피의자의 대답은 새로운 의문을 야기했다. 만약 즐거움과 효율이 결합한다면, 효율이 그대로일 때 즐거움도 그대로일까. 효율을 높이면 즐거움은 그에 비례해서 증가할까. 효율은 계속 증가할 수 있는 것일까.

효율의 역설

미국의 정신과의사인 애나 렘키는 『도파민 네이션』에서, 나의 새로운 의문에 모두 아니라고 대답했다. 같거나 비슷한 정도의 즐거움을 주는 자극에 반복해서 노출되면 처음의 즐거움은 그 정도는 약해지고 그 시간은 짧아진다는 것이다. 그녀는 자신의 로맨스 소설에 대한 중독을 고백하면서, 『트와일라잇』시리즈를 네 번 읽었는데 두 번째 읽을 때 이미 처음 읽었을 때만큼 즐겁지 않았다고 말했다. 그리고 강한 약물을 오래 사용하면 즐거움과 고통 사이의 균형이 결국은 고통 쪽으로 기울게 되는데, 즐거움을 느끼는 능력은 내려가고 고통에 대한 취약성은 올라가기 때문이라고 설명했다.[103]

고통과 즐거움의 균형이라는 관점은 새로웠지만, 반복되는 자극이 즐거움의 정도를 약화시킨다는 사실 및 같은 정도의 즐거움을 얻기 위해 필요한 자극의 정도는 높아진다는 사실은 경험에 의해 이미 알고 있는 것이었다.

나는 술을 좋아하는 것을 '고백'이 필요한 중독이라고 생각해본 적이 없었는데, 로맨스 소설을 좋아하는 것을 중독이라고 고백한 애나 렘키의 예에 비추어보면, 나는 한동안 술에 중독되어 있었던 것 같다. 내가 마시고 싶었던 술은 취생몽사, 왕가위 감독의 영화 〈동사서독〉에서 구양봉(장국영 분)의 형수(장만옥 분)가 구양봉에게 전해달라며 황약사(양가휘 분)에게 준 바로 그 술이었으나, 이를 구할 능력은 없어 주로 맥주, 가끔 와인을 마셨는데, 소위 '코로나 기간'에 집에서 혼자 마시는 횟수가 늘기 시작했다. 술을 마시는 이유는 그 날의 구체적인 기분과 상관없이 동일했다. 취한 상태, 즉 다소 멍한, 안경을 벗고 사물을 볼 때처럼 경계가 흐릿한, 그래서 사람과 세상이 실제보다 다정하게 느껴지는 그런 상태가 되고 싶을 때 술을 마셨다. 처음엔 맥주 한 캔을 마시면 취한 상태가 되기에 충분했으나, 두 캔, 세 캔, 네 캔으로 늘어나는 데 그리 오래 걸리지 않았다. 그리고 취한 상태의 질은 맥주 캔의 개수가 늘어나는 것에 반비례했다. 다소 멍한 상태는 상당히 머리 아픈 상태로, 안경을 벗고 사물을 볼 때처럼 경계가 흐릿한 상태는 어둠 속에서 안경까지 벗은 것처럼 불안한 상태로, 사람과 세상이 실제보다 다정하게 느껴지는 상태는 그래서 무서운 상태로, 변했다.

미지의 피의자는 다음에 같은 용량의 필로폰을 투약하더라도 이전에 비해서 그 효과는 약해지고 짧아질 것이다. 똑같은 즐거움을 느끼기 위해 필로폰의 양을 늘리다가 아예 투약의 효과를 전혀 느끼지 못하게 될 수도 있다. 효율이 좋아서 투약을 하는데, 투약을 할수록 효율이 나빠지는 역설을 그 피의자는 알고 있었을까. 즐거움의 추구가 그 즐거움을 느낄 능력의 상실로 이어지는 건 역설적이다.[104] 마약 관련 전과가 많은 사람들은 교도소에서 출소한지 며칠 되지 않아 다시 같은 범행을 저질러 구속되는 경우가 종종 있는데, 그들은 이러한 역설을 직접 체험하고 있다고 할 수 있다. 중독을 자신 또는 다른 사람에게 해를 끼침에도 어떤 물질이나 행동을 지속적이고 강박적으로 소비하는 것이라고 이해할 때,[105] 중독은 위와 같은 역설의 원인인 동시에 결과가 된다.

미지의 피의자가 촉발한 즐거움과 효율의 관계에 관한 의문은 새로운 것이었지만, 중독과 관련된 의문은 오래 전에 시작되었다. '글로만' 법을 배우던 고시생 시절, 나는 혼자 도박하는 사람과 혼자 마약하는 사람을 왜 처벌하는지 이해하지 못했다. 나는 도박죄나 마약류범죄를 중독 그 자체를 처벌하는 것이라고 이해했는데, 중독이 중독자 자신의 건강을 해치고 경제적 어려움과 사회적 고립을 초래할 수 있다는 점에서 보건정책이나 사회보장제도의 문제로 대응하는 것이 적절하지, 국가가 처벌을 할 필요는 없는 문제라고 생각했다. 아마도 김영하의 소설 제목이 된 프랑수아즈 사강의 '나는 나를 파괴할 권리가 있다'는 말과 비슷한 취지였던 것 같은데, 그때는 프랑수아즈 사강이 그 말을 한 때가 마약인 코카인을 소지한 혐의로 체포된 후라는 사실은 몰랐었다. 지금 생각하면 그때 내 문제는 중독의 가벌성에 관한 견해의 당부가 아니라, 고시생이 사법고시에 나오지 않을 문제를 생각하고 있었다는 점이다.

나는 나를 파괴할 권리가 있는가

우리 법이 처벌하는 범죄 중에 중독과 관련 있는 것으로 대표적인 것이 마약류범죄다. 마약류 관리에 관한 법률은 마약과 향정신성의약품, 대마에 대한 투약, 소지, 소유, 매매, 수출입, 운반 등 여러 형태의 행위를 처벌하고 있다. 마약, 향정신성의약품 및 대마를 통칭하여 마약류라 부른다. 마약류범죄가 성립하기 위한 구성요건요소로 중독 상태가 규정된 것은 아니나, 마약류가 신체적 또는 정신적 의존성이 있는 물질이므로, 사실상 중독 상태를 처벌하는 것이라고 할 수 있다.

중독과의 관련성이라면, 도박이나 사행성 게임도 빼놓을 수 없다. 도박이나 사행성의 개념이 중독을 당연히 포함하는 것은 아니지만, '도박중독'이라는 결합어가 마치 하나의 단어인 것처럼 자연스럽게 사용될 정도로 도박에 중독된 사람들이 많다. 접근성은 마약류보다 더 좋다고 할 수 있다. 도박을 하기 위해 야산의 하우스로 가는 수고로움을 감수할 필요도 없고, 휴대전화로 도박사이트에 접속해서 몇 초 만에 훌쩍 게임 한 판을 할 수 있다.

대표적인 중독의 대상인 술과 관련되어 있지만, 음주운전은 좀 다르다. 음주운전을 한 사람들 중 일부가 알코올중독 치료를 받겠다고 하면서 선처를 호소하지만, 음주운전은 알코올중독 자체를 처벌하는 범죄로 인식되지는 않는다. 내가 스스로 술에 중독되었던 것 같다고 생각한 기간에도, 술과 운전을 함께 생각한 적은 없었다. 굳이 중독과의 관련성을 따지면 음주운전은 술에 대한 중독이 아니라, 어떤 상황에서도 운전을 하려는 '운전 중독'이라고 할 수는 있겠다.

중독의 가벌성에 관한 오래된 의문이 다시 떠오른 건 사행행위 전담 업무를 할 때였다. 하지만 처음에는 다른 데 관심이 있었기 때문에, 그 의문이 떠오른 건 그 업무를 한 지 석 달 가량 지난 시점이었다.

당시 '바다이야기'와 같은 사행성 게임장 사건을 많이 수사했는데, 게임장 업주로 입건되어 처벌받는 사람은 대부분 소위 '바지사장'이었고, 게임장 운영으로 이익을 얻는 실업주는 처벌받지 않는 경우가 많았다. 나는 실업주가 '바지사장'에게 벌금을 대신 내준다거나 구속될 경우 일정한 금액을 지급하는 조건으로 형사처벌을 면하는 것이 돈으로 국가의 사법권을 거래하는 것이라 생각했다. 그래서 사행성 게임장 수사를 할 때 실업주를 처벌함으로써 국가의 사법권을 원칙적인 모습으로 실현하는 데 중점을 두었다.

그러다보니 경찰이 송치한 게임장 사건에 대하여 실업주를 찾으라거나 피의자를 구속해서 송치하라는 내용의 수사지휘를 많이 했고, 이에 관할 경찰서의 수사과장 두 명이 찾아와서 경찰관들이 갑자기 업무가 늘어 불만이라는 애로사항을 말하고 가기도 했다. 검사실에서 직접 수사하는 경우도 많았는데, 실업주를 체포하기 위해 외근이 많다보니 좀처럼 불평을 하지 않는 우리 방 수사관도 '요즘 내가 경찰인지 검찰 수사관인지 모르겠다'라고 완곡하게 불만을 표시하기도 했다.

그러던 중 경찰관이 관할 게임장 업주로부터 돈을 받고 단속정보를 제공한 사건[106]을 수사하게 됐고, 그 사건에서 경찰관과 게임장 업주 사이의 대화가 녹음된 파일을 듣게 됐다. 그 파일 속에서 게임장 업주는 '게임이 사람들의 스트레스를 해소해주기도 하는데 무조건 못하게 하는 건 잘못된 것'이라는 취지로 열변을 토했고, 경찰관도 '게임장이 별거 아닌데 아무 것도 모르는 여검사가 와서 시끄럽게 한다'

고 맞장구를 쳤다.

나는 겸손한 사람이라, 나한테 아무것도 모른다고 한 경찰관의 말에 화가 나지는 않았다. 나는 내가 수사하는 종류의 게임장에 가보거나 '바다이야기'를 해본 적이 없었다. 내가 가본 게임장은 중학생 때 테트리스, 대학생 때 철권과 펌프, 사법연수생 때 버블버블을 했던 오락실이 전부였다. 그런 의미에서 나는 '아무것도 모르는' 상태일 수도 있었다.

반면, 게임장 업주의 말은 게임장 사건의 가벌성 자체에 대한 의문을 제기하는 것으로, 중독의 가벌성에 관한 나의 오래된 의문을 일깨웠다. 기록에서 본 '바다이야기' 게임은 알록달록하고, 내용이 폭력적이거나 선정적이지 않았다. 게임 자체는 하루의 일과를 마친 후 또는 짬짬이 재미로 하기에 아무런 문제가 없었다. 게임의 결과를 돈으로 바꿔주는 환전이 사행성의 핵심인데, 게임장 이용자가 자신의 돈과 시간을 전부 그 게임에 쓴다 해도 여전히 프랑수아즈 사강의 '나를 파괴할 권리'로 방어할 수 있지 않을까 싶기도 했다.

중독의 가벌성에 관한 의문은 다소 엉뚱하게 해소되었다. 즉 중독의 폐해에 대한 실무적 경험으로 해소되었는데, 정확히 말하면 해소하기로 결정한 것이었다.

위 경찰관 사건을 기소한 그 다음 해였던 것 같다. 노래방 업주가 필로폰을 투약한 상태에서 자신의 노래방 종업원들인 미성년자 두 명을 무차별적으로 구타하여 그 중 한 명을 살해한 후 사체를 유기하고, 생존한 피해자에 대하여 다시 상해를 가한 사건[107]을 수사하게 되었다. 그 사건의 피의자는 이틀 동안 주먹과 발은 물론, 덤벨, 삼단봉, 행거봉을 이용하여 피해자들을 때렸는데, 때리다가 지치면 필로폰을 투약하고 다시 때렸다. 피의자는 필로폰 투약으로 처벌받은 적이 있었고, 심각한 필로폰 중독 상태였다. 생존한 피해자는 피의자가 총 5회 필로폰을 투약했고, 필로폰을 투약할 때마다 때리는 힘이 더 세졌다고 말했다.

그 당시에도 살인 등 강력 사건을 수사한 경험이 적지 않았지만, 이틀 동안 문자 그대로 어린 피해자를 '때려 죽인' 범행의 잔혹함에 기록을 읽는 것이 힘들었다. 필로폰 중독이 살인의 직접적인 수단이 된 것은 명백했지만, 그와 별개로 피의자의 필로폰 투약 혐의에 대해서는 기소 여부를 고민했다. 통상 마약류 투약 사건은 소변이나 모발 감정결과 등 객관적인 증거가 있어야 기소하는데, 그 사건은 범행 후 1년 이상 지난 상태에서 수사가 개시되어 범행 당시의 필로폰 투약 사실을 입증할 감정 결과를 얻는 것은 불가능했다.

그러나 조사 당시 살인의 고의와 일부 행위를 부인하면서 '어떻게 이틀 동안 사람을 때릴 수 있냐, 힘들어서 못한다'고 말하는 피의자를 보고, 생존한 피해자의 진술을 근거로 필로폰 투약 사실도 기소하기로 결심했다. 과학적 증거, 객관적 증거도 좋지만, 어떤 사실을 직접 경험한 사람의 진술은 가장 오래된 증거로 그 중요성은 결코 바래지 않았다. 솔로몬 왕이 아기의 진짜 엄마를 가려낸 때도 DNA를 감정할 기술은 없었다.

중독과 진짜 효율

그 살인 사건을 기소하면서 중독의 가벌성에 관한 나의 오래된 의문도 같이 해소하기로 결정했다. 형사법의 기능은 공동체를 보호하는 것이므로, 중독의 폐해가 공동체의 구성원을 해칠 정도에 이르면 국가는 공동체를 유지하기 위하여 가장 강력한 수단인 형벌로써 중독 문제를 규율할 수 있다. 사실 이런 설명은 '처벌할 필요가 있어서 처벌한다'는 순환논법일 뿐 중독의 가벌성에 대한 대답이 아니지만, 원래 '치병과 환후는 각각 따로인 것'이다. 사람이 죽는 마당에 그런 사소한 문제를 생각하는 것은 사치라고, 그래서 의문은 해소된 것이라고, 나 혼자 결정했다.

> 당신……, 당신이라는 말 참 좋지요, 그래서 불러봅니다 킥킥거리며 한때 적요로움의 울음이 있었던 때, 한 슬픔이 문을 닫으면 또 한 슬픔이 문을 여는 것을 이만큼 살아옴의 상처에 기대, 나 킥킥……, 당신을 부릅니다 단풍의 손바닥, 은행의 두 갈래 그리고 합침 저 개망초의 시름, 밟힌 풀의 흙으로 돌아감 당신……, 킥킥거리며 세월에 대해 혹은 사랑과 상처, 상처의 몸이 나에게 기대와 저를 부빌 때 당신……, 그대라는 자연의 달과 별……, 킥킥거리며 당신이라고……, 금방 울 것 같은 사내의 아름다움 그 아름다움에 기대 마음의 무덤에 나 벌초하러 진설 음식도 없이 맨 술 한 병 차고 병자처럼, 그러나 치병과 환후는 각각 따로인 것을 킥킥 당신 이쁜 당신……, 당신이라는 말 참 좋지요, 내가 아니라서 끝내 버릴 수 없는, 무를 수도 없는 참혹……, 그러나 킥킥 당신
>
> ——
>
> 허수경, 「혼자 가는 먼 집」, 『혼자 가는 먼 집』, 문학과지성사

어떤 중독자는 중독의 가벌성을 자신의 이익을 위해 활

용하기도 한다. 게임장 사건 중 일부는 게임장 이용자가 제보하여 수사가 개시된다. 게임장에서 돈을 잃은 것이 화가 나서, 게임장 때문에 가족이 떠나서, 앞으로 게임을 끊기 위해서 등 제보의 이유는 다양했지만, 공통적으로 게임 중독의 폐해를 스스로 잘 알고 있었다. 물론 같은 사람이 몇 달 후 다른 게임장을 제보하기도 하고, 게임장 업주는 소위 제보자들이 게임장 업주를 협박해서 돈을 뜯어내려다가 실패하면 경찰에 신고하는 것이라며 '억울하다'고 주장하는 것을 보면, 중독에서 벗어나겠다는 제보자의 결심이 늘 성공하거나 신고의 의도가 순수한지는 알 수 없지만, 그렇다고 해서 게임 중독의 폐해와 게임장 영업의 불법성이 달라지는 것은 아니다.

또 어떤 중독자는 국가가 아닌 개인에 대해서 자신의 중독 상태에 대한 책임을 묻기도 한다. 카지노이용자가 카지노사업자를 상대로 자신의 도박중독 상태를 알면서도 출입제한과 같은 조치를 취하지 않고 도박을 하게 함으로써 전 재산을 잃게 했다고 주장하면서 그에 따른 손해배상을 청구한 사건이 있었다. 대법원은 '카지노이용자가 자신의 의지로는 카지노 이용을 제어하지 못할 정도로 도박 중독 상태에 있었고 카지노사업자도 이를 인식하고 있었거나 조금만 주의를 기울였더라면 인식할 수 있었던 상황에서, 카지노이용자나 그 가족이 카지노이용자의 재산상 손실을 방지하기 위하여 법령이나 카지노사업자에 의하여 마련된 절차에 따른 요청을 하였음에도 그에 따른 조처를 하지 아니하고 나아가 영업제한규정을 위반하여 카지노 영업을 하는 등 카지노이용자의 재산상실에 관한 주된 책임이 카지노사업자에게 있을 뿐만 아니라 카지노이용자의 손실이 카지노사업자의 영업이익으로 귀속되는 것이 사회 통념상 용인될 수 없을 정도에 이르렀다고 볼 만한 특별한 사정이 있는 경우에는, 예외적으로 카지노사업자의 카지노이용자에 대한 보호의무 내지 배려의무 위반을 이유로 한 손해배상책임이 인정될 수 있다.'고 했으나, 위 사건에서는 그와 같은 특별한 사정이 없다는 이유로 카지노사업자의 손해배상책임을 인정하지 않았다.[108]

위 대법원 판결은 전원합의체 판결로, 다수의견에 반대하는 의견도 있었으나, 그 결론의 당부는 차치하고, 적어도 도박 중독의 폐해가 사적 관계의 대원칙인 '자기 책임의 원칙'을 일부 수정할 정도로 심각하다는 사실을 보여준다.

중독의 폐해가 마약류나 도박, 술에만 한정되는 것은 아니다. 많은 사람들이 인터넷이나 스마트폰, 설탕, 커피, 탄수

화물에 대한 중독을 경험한다. 나는 둘째 아이를 낳은 지 1년이 지나도 임신으로 인해 찐 살이 잘 빠지지 않았는데, 당시 결혼을 앞둔 어느 여자 수사관으로부터 '빵만 안 먹어도 살이 빠진다'는 말을 듣고 사흘 동안 빵을 안 먹었다가 그동안 내가 빵 중독이었다는 사실을 알게 되었다. 빵 중독의 폐해보다 금단 증상이 더 심각해 빵 단식은 삼일천하로 끝났다. 생각해보니 임신으로 인해 찐 살이 아니라 원래 그 정도였던 것 같아 마음이 편안해졌다. 어떤 사람들은 일,[109] 불안,[110] 정의[111]와 같이 형체가 없는 것에도 중독되고, 심지어 미래[112]에도 중독된다. 중독의 대상은 무한하다.

중독의 대상이 무한하다면, 중독은 대상이 문제가 아닐 수도 있다. 롤랑 바르트는 『사랑의 단상』에서, 내가 원하는 것은 바로 내 욕망이며, 사랑의 대상은 단지 그 도구에 불과하다고 했다.[113] 가수 김민기가 '가을엔 편지를 하겠어요 누구라도 그대가 되어 받아주세요'라고 노래한 것은, 수신자가 누구인가는 상관없이 편지를 쓰는 것에 중독된 것일까. 중독의 가벌성에 관한 나의 의문은 해소되었다고 결정했지만, '한 슬픔이 문을 닫으면 또 한 슬픔이 문을 여는 것'처럼 다른 의문이 자리잡았다. 나는 의문에 중독된 것인지도 모르겠다.

애나 렘키가 중독의 위험 요소로 대상에 대한 접근성, 늘어난 여가 시간과 그에 수반되는 지루함을 꼽은 것[114]은 중독에 이르는 과정을 설명해주지만, 나는 여전히 배고프다. 중독의 대상이 그렇게 다양한데, 왜 공통적으로 중독되는 것일까.

나는 즐거움을 얻는 데 효율을 추구하는 것이 모든 중독의 공통적인 이유라고 생각한다. 마약류든 술이든 게임이든 포르노든 그때 마침 가용한 도구였을 뿐, 진짜 중독의 대상은 순식간에 지루함에서 벗어나고 효율적으로 즐거움을 얻고 싶은 마음이 아닐까. 미지의 피의자는 중독의 진짜 이유를 알고 있었던 것인지도 모르겠다.

그런데 즐거움과 효율 사이에는 필연적인 관계가 없다. 오히려 즐거움은 대체로 쓸모없는 일에 있고, 즐거움을 느끼기 위해서 일정한 시간이 걸리는 경우가 많다. 하릴 없이 걷는 일, 버스에 앉아 창밖을 구경하다 내릴 정류장을 놓쳐서 돌아오는 일, 34권짜리 만화책을 보는 일, 지뢰찾기 게임에서 기록을 단축하는 일은 즐겁지만, 시간이 걸리고, 효율은 없다.

효율이 없는 즐거움에는 분명한 장점이 있다. 애초에 효율이 없기 때문에 반복하더라도 효율이 떨어지지 않아 즐거움도 감소하지 않는다. 미야자키 하야오의 〈이웃의 토토로〉, 아다치 미츠루의 『H2』, 허수경의 시집들은 몇 번을 봐도 걸리는 시간은 비슷한데, 때로는 더 큰 즐거움을 준다. 몇 년 전 〈이웃의 토토로〉가 극장에서 재개봉했을 때 초등학생이던 우리 아이들이 팝콘 먹는 것도 잊은 채 '10분밖에 안 지난 줄 알았는데 벌써 끝났네'라고 말했을 때, 나는 그 전에 봤을 때보다 훨씬 더 즐거웠다.

비교적 최근에 같이 근무했던 상사는 버스나 지하철에서 드라마를 보는 낙으로 긴 출퇴근 시간을 견딘다고 말했다. 상사는 한 드라마를 끝내면 다음에 볼 드라마에 대한 추천을 구했지만, 내가 추천한 드라마는 보지 않는 것 같았다. 상사의 드라마 취향에는 관심 없었지만, 드라마를 1.5배속으로 본다는 말에는 흥미가 생겼다. 상사는 정상 속도로 드라마를 보면 지루해서 못 보겠다고 했다. 똑같은 내용의 드라마인데 원래 속도로 보면 지루하고, 빠른 속도로 보면 재미가 생기는 이유가 뭘까 궁금했지만, 상사라서 직접 물어보지는 않았다. 아마도 상사는 출퇴근 시간에 할 만한 일로 드라마 시청을 선택했고, 정상 속도로 보면 출근 또는 퇴근 시간에 드라마 한 회를 다 보지 못하기 때문에 효율적인 시청을 위해 1.5배속으로 본 것이 아닐까. 알아도 몰라도 상관 없는 정보이니 직접 물어볼 걸 그랬다.

출퇴근 시간이 비슷하게 길었던 나는 퇴근길에 버스 창밖이나 운전대 너머로 보이는 강변북로의 불빛에 중독되었다. 불빛을 보는 시간은 요일이나 시간대에 따라 한없이 늘어나기도 했고, 나에게 허접한 시만 남겼을 뿐 아무런 효용이 없었다. 효용이 없는 것의 대표적인 것이 시 아닌가!

많은 별들이 내려와
일부는 붉고 노란 빛을 흘리며
소유권 없는 집으로 가고
일부는 희고 파란 빛을 깜박이며
창가와 물가에 매달린다

별들이 떠난 하늘에
당신은 남쪽으로 가
달이 혼자 남고
나는 고개를 들어
제자리에서 엑셀을 밟는다

당신의 하얀 얼굴과 푸른 핏줄이
나를 데우지 못하고 빛날 때
나는 욕망을 연소한 열기로
당신을 좇는다

마음은 붉고 노란 빛으로 타오르고
식어 차갑게 빛나는 건
당신의 특권

타오르지 못한 마음이
어떻게 식는지
어떻게 빛나는지
아무래도 이해할 수 없는 건
특권의 본질

어느새 달도 남쪽으로 가
나는 멈추지 못하고
닿지 못한다

——

장혜영, 「강변북로」

대학 시절 들어도 안 들어도 무슨 내용인지 몰랐던 수업 시간에, 나중에 대법관이 된 교수님이 갑자기 자신이 시를 많이 읽는다고, 수줍은 고백처럼 말했다. 나는 마치 교수님을 처음 본 것처럼 고개를 들어 그 다음 말을 기다렸다. 교수님이 시집은 얇기 때문에 같은 시간에 소설보다 여러 권을 읽을 수 있어서 좋다고 말했을 때, 나는 교수님이 민법 교수답게 극단적인 효율을 추구하는 것인지, 아니면 시를 좋아하는 마음을 민법적인 농담으로 표현한 것인지 알 수 없었다. 알아도 몰라도 상관없는 정보이니 직접 물어볼 걸 그랬다.

시간이 걸리는 일의 대표적인 것이 사랑이다. 머라이어 캐리도 〈사랑은 시간이 걸린다(Love takes time)〉고 노래했다. 사랑에 들이는 시간과 정성이 가시적인 성과를 내지 않는다는 점에서, 사랑은 비효율적이라고 할 수도 있다. 작은아이가 브라우니를 굽겠다고 브라우니용 팬, 중력분, 초콜릿, 초코칩, 버터, 붓처럼 생긴 주방도구를 사는 데 든 비용 및 반죽을 만들고 한 번 굽는 데 23분씩 걸리는 작업을 두 번 하고, 설거지까지 하는데 소요된 시간을 전부 고려하면, 근처 빵집에 가서 사먹는 편이 훨씬 효율적이다. 나는 위와 같은 이유로 작은아이를 한 번 말렸으나, 실패했다.

하지만 작은아이와 함께 장을 보고, 달콤한 냄새가 온 집 안을 채운 오후의 식탁에 마주앉아 아직 뜨거운 브라우니 조각을 떼어 잘 구워졌는지 품평하고, 작은아이는 우유와, 큰아이는 물과, 남편과 시어머니와 나는 커피와 함께, 각자 구체적인 용건이 없는 이야기를 하는 그 모든 시간 속에, 사랑이 있다. 그 자리에서 작은아이는 '아무 버스나 타고 모르는 동네에 가서 놀다 오고 싶다'고 말했고, 학교에서 자신과 같은 바램을 가진 친구를 만나 친해진 얘기를 했다. 나는 작은아이에게 오래된 영화에 나왔던, '물빛깔'이라는 이름을 가진 지하철역이 있는 동네를 추천했다.

삶이 지루하거나 고통스러워 '한 알만 꿀꺽 삼키면' 지루함이나 고통을 잊을 수 있는 '아스피린'이 간절할 때가 있다. 하지만 반복해서 복용하면 기대하는 효과를 얻을 수 없음은 물론 부작용까지 초래할 수 있는 아스피린 대신에, 시간이 걸리는 사랑을 하고, 별다른 효용이 없는 일에서 즐거움을 찾는 것이 중독에 빠지지 않는 '효율적인' 방법이 아닐까.

사랑의 기한과 시효

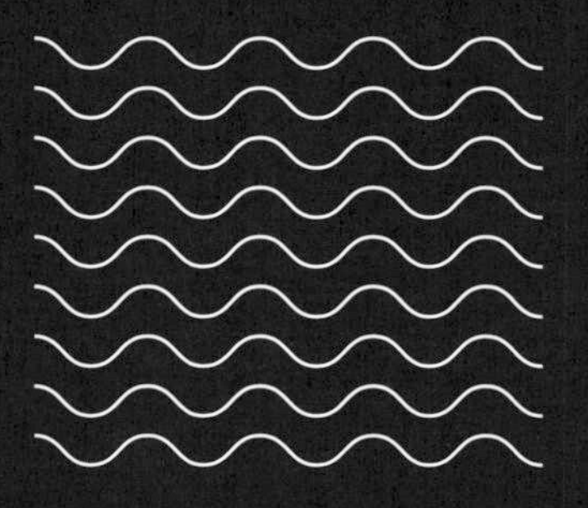

부르지 않아도
이미
와 있는 너

이승의 어느 끝엘 가면
네 모습
안 보일까

물 같은 그리움을
아직은 우리
아껴써야 하리

내가 바람이면
끝도 없는 파도로
밀리는 너

— 이해인, 「내일」, 『내 魂에 불을 놓아』, 분도출판사

성폭력 및 아동학대 전담 업무를 하던 시절, 양부가 네 살 때 입양한 딸을 성폭행한 사건[115]을 수사하였다. 범행은 피해자가 여덟 살이던 때 처음 발생했는데 수사 당시로부터 꼭 10년 전이었다. 범행은 피해자가 열세 살이 될 때까지 간헐적으로 이어졌다.

첫 번째 범행은 범행 당시의 법인 구 성폭력범죄의 처벌 및 피해자보호 등에 관한 법률에 의하면 수사 개시 당시 이미 공소시효가 완성되었을 상태였다. 공소시효는 시간의 경과에 의한 범죄의 사회적 영향이 약화되어 가벌성이 소멸되었다는 주된 실체적 이유에서 일정한 기간의 경과로 국가가 형벌권을 포기하는 것[116]이다. 검사가 기록을 배당받으면 가장 먼저 하는 일이 범죄사실의 일시를 확인하는 것인데, 공소시효 기간이 경과하면 아무리 중대한 범죄라도 기소할 수 없기 때문이다.

그러나 2010년 4월 15일 제정 및 시행된 성폭력범죄의 처벌 등에 관한 특례법(이하 성폭력처벌법)이 미성년자에 대한 성폭력범죄의 공소시효는 해당 성폭력범죄로 피해를 당한 미성년자가 성년이 된 날부터 진행한다는 내용의 공소시효 기간에 관한 특례 조항 및 위 법 시행 전 행하여진 성폭력범죄로 아직 공소시효가 완성되지 아니한 것에 대하여도 위 공소시효 기간에 관한 특례 조항을 적용한다는 규정을 두어, 2010년 4월 15일 당시에는 아직 공소시효가 완성되지 않은 첫 번째 범행에 대해서도 피해자가 성년이 될 때까지 공소시효가 정지될 수 있게 되었다. 즉 수사 당시 공소시효로 인한 문제는 없었다.

나는 수사를 마치고 혐의 유무에 관한 판단을 끝낸 후, 위 사건의 피의자를 구속할지 여부에 관하여 고민했다. 우리 형사소송법은 피의자나 피고인에 대한 구속의 사유로 세 가지를 규정하고 있는데, 일정한 주거가 없는 때, 증거를 인멸할 염려가 있는 때, 도망하거나 도망할 염려가 있는 때가 그것이다. 위 사유들을 심사할 때는 범죄의 중대성, 재범의 위험성, 피해자 및 중요 참고인 등에 대한 위해우려 등을 고려하여야 한다고 규정하고 있다.

범죄의 중대성은 더 생각할 필요도 없었지만, 피의자는 수사 초기부터 주요 혐의에 대해서는 자백했고, 사실상 유일한 증거인 피해자의 진술에 대해서는 이미 신빙성이 높다는 판단을 했기 때문에 피의자가 인멸할 수도 없는 것이었다. 게다가 수사 개시 당시 피해자는 이미 집을 나와 독립적으로 살고 있어 피의자와 분리할 필요가 없었고, 이에 재범의 위험성도 낮은 것으로 판단되었다. 피의자나 다른 가족이 피해자에게 합의를 종용하기 위하여 찾아가거나 불편을 끼칠 일반적 우려는 있었으나, 피해자의 진술에 비추어 그 정도를 넘어 위해를 가할 구체적인 개연성 또한 낮다고 판단했다. 피의자는 일정한 주거와 안정된 직장을 갖고 있었고, 피해자를 제외한 가족과의 관계도 원만했다. 실무상 범죄가 중대하면 향후 재판에서 중형을 선고받을 가능성이 높다는 이유로 도망할 염려가 있다고 판단하지만, 피의자가 직접 또는 변호인을 통해 '구속될 각오를 하고 직장에 사표를 내는 등 주변 정리를 하고 있다'고 말한 점에 비추어 구체적으로는 도망할 염려도 적어 보였다.

산술적으로 계산하면 세 가지 구속 사유 중 적어도 두 가지가 충족되지 않았으므로 피의자에 대하여 구속영장을 청구하지 않는 것도 위법하거나 부당한 판단은 아니다. 하지만 나는 평소에 구속 여부를 판단할 때 범죄의 중대성을 가장 중요한 기준으로 삼고 있었다. 형사소송법은 구속 사유와 이를 심사할 때 고려해야 할 사정들을 명시하고 있을 뿐, 각 요소들 사이의 우열관계에 대해서는 언급하지 않고 있으므로, 내가 범죄의 중대성을 다른 요소들보다 비중 있게 고려한다고 하여 이 또한 위법하거나 부당한 판단은 아니다. 평소의 기준대로 판단하면 금방 결정할 수 있을 사건이었는데, 고민의 시간은 길어졌다. 그 원인은 '시간'이었다.

비록 입법에 의하여 공소시효 문제는 해결되었지만, 10년의 시간은 구속의 필요성을 판단하는 데도 영향을 미쳤다. '지연된 정의는 정의가 아니다'라는 말은 신속한 사법절차의 진행을 촉구하는 말이지만, 그 이면엔 시간의 경과에 따라 증거의 확보가 어려워지는 문제에 대한 우려 외에도 정의를 요구하는 '생생한 감정'이 시간이 갈수록 옅어지는 현실에 대한 공감이 깔려 있다. 허진호 감독의 영화 〈8월의 크리스마스〉에서 정원(한석규 분)이 '사랑도 언젠가 추억으로 그친다는 것을 난 알고 있었습니다'라고 말한 것처럼, 시간은 사랑을 추억으로 변하게 하고, 정의에 대한 요구의 강도를 낮추는 힘이 있음을 부정하기 어렵다.

그러나 무라카미 하루키가 소설 『도시와 그 불확실한 벽』에서 말했듯이, '과연 시간을 그렇게까지 신뢰해도 괜찮을까?'[117]

고민의 시간이 길어지면서 같은 방 수사관들 및 실무관, 몇몇 검사들에게 의견을 구했으나 각자의 입장에서 간과해서는 안 될 사정들을 다시 한 번 환기해주어 더욱 고민이 되었다. 부장에게 미리 위 사건의 내용과 구속 여부에 대한 고민을 얘기했더니 부장은 '어느 쪽도 가능하니 좋을 대로 하라'고 말했다.

과거와 미래

결국 나는 그 피의자에 대하여 구속영장을 청구했다. 결심의 순간은 피해자의 진술 중 '방문 뒤에서 혼자 몰래 울었다'는 문장이 그림으로 떠올랐을 때 왔다. 아무리 시간이라도 어렵게 얻은 가족을 잃을지도 모른다는 두려움에 방문을 닫고 조용히 울어야 하는 고통의 정수를 변화시킬 수는 없다고 생각했다.

흔히 영장실질심사라 불리는, 구속영장이 청구된 피의자에 대한 심문을 위한 법정에서, 피의자는 구속되는 데 이의는 없으나 구속 시기를 IRP(개인형 퇴직 연금) 수령 이후로 미뤄달라고 말했다. 그 순간 나는 묘한 불편함을 느꼈다. 간혹 가족의 결혼 등 행사를 위해 구속영장 청구 날짜를 미뤄달라는 요청을 받은 적은 있으나, 연금 수령은 처음 들어본 사정이었다. 사회보장 연구자로서 평소 연금의 중요성에 대해서는 공감하고 있었으나, 구속 전 피의자 심문 기일에서 연금 얘기를 들을 줄은 몰랐다. 나는 계속 불편했고, 그 불편함이 무엇 때문인지 생각했다.

그건 위화감이었다. 뭔가 맞지 않는 느낌. 서로 다른 시간에, 같은 장소에 있는 느낌.

위화감은 계속되었지만, 검사가 말문을 닫을 수는 없었기 때문에, 나는 IRP는 수령자가 구속되는 경우에도 대리 수령이 불가능한 것이냐고 물었다. 변호인은 난감한 표정으로, 정확히는 모르지만 그렇게 알고 있다고 대답했다. 판사, 검사, 변호인 모두 IRP의 대리 수령 문제에 대해서 정확히 모르고 있었지만, 그날 결론을 내려야 할 문제는 그게 아니었다. 나는 구속영장 발부를 위한 심문 자리에서 연금 때문에 구속 시기를 미뤄달라고 요구하는 것은 피의자가 자신의 범행이 얼마나 중대한지에 대한 인식이 없음을 보여주는 것이고, 이는 피의자가 진정으로 반성하고 있지 않기 때문이라고 말했다.

내 말은 IRP의 대리 수령 문제에 대한 무지함을 덮기 위한 것은 아니었지만, 비논리적이었다. 연금 수령은 피의자가 구속될 경우 가족들의 생계를 위해서 중요한 문제일 수 있었다. 피의자가 자신의 범행을 반성하는 마음과 자신이 구속될 경우 가족의 생계를 염려하는 마음은 별개이고, 공존할 수 있다. 그 순간 나는 위화감의 이유를 알았다.

연금이 아니라 시간 때문이었다. 연금은 미래를 준비하는 대표적인 행위다. 나는 피의자가 '과거'의 잘못에 대한 책임을 논하는 자리에서 '미래'를 생각하고 계획한다는 사실에 위화감을 느꼈던 것이다. 무라카미 하루키가 소설 『사랑하는 잠자』에서 보여준 세계관—전쟁으로 모든 것이 무너지는 세상에서도 여전히 고장 난 자물쇠에 신경 쓰는 사람이 있고, 이를 수리하려고 애쓰는 또 다른 사람이 있는 것처럼,[118] 아무리 큰 일이 있어도 일상은 계속되고, 그 일상을 충실하게 사는 것이 삶의 본질일 수 있다는 생각—에 공감하면서도, 그래서 피의자가 과거의 범행에 대하여 처벌을 받는 것과 별개로 자신과 가족의 미래를 계획하고 앞으로 나아가는 것이 당연하다고 생각하면서도, 위화감은 사라지지 않았다.

몇 시간 후 피의자에 대한 구속영장이 발부되었다. 나는 통상의 업무 절차에 따라 구속영장을 집행하고, 며칠 후 피의자를 기소했다. 그 사건 때문에 고민하던 자리는 컨베이어 벨트처럼 밀려오는 다른 사건들로 금방 채워졌다.

그 후로 가끔씩 그 피의자가 IRP를 수령했을까 생각했다. 실제로 IRP의 수령 여부가 궁금한 것은 아니었다. IRP는 구속전심문 법정에서 내가 느꼈던 불편한 감정으로 되돌아가게 하는, 마르셀 프루스트의 소설 『잃어버린 시간을 찾아서』에서 홍차에 적신 마들렌 같은 것이었다. 시간이 흐르고 사람은 살아가는 일이 도대체 왜 그렇게 불편한 것인지, 나는 당시 내 삶이 편안했는지 불편했는지 모르겠다.

시간이 피해자와 가해자에게 동일한 속도와 방향으로 흐르지 않는다는 사실이 불편하다고, 나는 몇 차례 불편함의 급류를 흘려보낸 후 그렇게 결론을 내렸다. 그 사건의 피해자가 성년이 될 무렵 바로 집을 나와서 피의자를 고소하고, 최대 10년 전의 피해사실을 구체적으로 진술할 수 있었던 것은, 피해자가 그 10년 동안 원했든 아니든 과거를 기억하는 데 상당한 시간을 사용했음을 의미한다. 반면, 피의자의 시간은 피해자를 포함한 자녀들을 위한 보험에 가입하고, IRP에도 가입하는 등 자신과 가족들의 미래를 계획하는

데 좀 더 사용되었다. 피해자의 시간이 때때로 과거로 역류하면서 상처의 근원을 재확인하는 동안, 피의자의 시간은 미래로 흐르면서 주관적 가벌성의 정도를 약화시켰다.

미국의 사회학자인 매튜 데스몬드는 『미국이 만든 가난(Poverty, by America)』에서, 가난한 사람들이 밀린 월세를 내기 위해 대부업 회사로부터 대출을 받는 등 '현재'에 살 수밖에 없는 모습과 대부업 회사가 대출 14일 후 이를 갚지 못해 다시 대부업 회사를 찾아오는 그들의 '미래'에 집중하는 모습을 대조적으로 그렸다.[119] 대부업 자체는 범죄가 아니지만, 대부업을 이용할 수밖에 없는 사람들이 현재의 필요 때문에 미래를 내다볼 여유가 없는 반면, 대부업자는 대출자들이 돈을 갚지 못해 계속 이자를 내거나 또다시 대출을 받는 미래를 예상하며 그 미래에서 이익을 얻는 구조를 생각하면, 범죄든 가난이든 누군가의 '미래를 망치는 것이 문제였다.'

가난은 쓰라렸지만
가난이 문제는 아니었다

가난에 짓눌려 참 나를 잃고

가난이 미래를 망치는 것이 문제였다

열심히 땀 흘리면 벗어날 수 있는
희망의 가난이 아니라

아무리 몸부림쳐도 탈출할 수 없는
절망의 가난에 굴러떨어지는 것

그것이 오늘 내 앞에 다가온
새로운 가난의 무서움이다

——

박노해, 「희망의 가난」

고통과 기한

앞서 언급한 성폭력처벌법이 미성년자에 대한 성폭력범죄에 대하여 피해자가 성년이 될 때까지 공소시효를 정지한 것은 멈춰 있는 피해자의 시간만큼 가해자의 시간도 정지시킨 것이라 할 수 있다.

일부 범죄에 대해서는 아예 공소시효가 적용되지 않는

다. 사람을 살해한 죄로 사형에 해당하는 범죄, 13세 미만의 사람 및 신체적인 또는 정신적인 장애가 있는 사람에 대한 강간죄 등 일부 범죄, 내란죄 등 헌정질서 파괴범죄, 국제형사재판소 관할 범죄의 처벌 등에 관한 법률에 의한 집단살해죄 등이 그것이다. 적어도 이런 범죄에서는 가해자의 시간이 과거의 특정 시점부터는 자유롭게 흐르지 못하게 되었다.

그러나 공소시효가 배제되거나 정지되는 범죄는 극히 예외일 뿐, 우리 법은 원칙적으로 일정한 시간이 지나면 범죄의 가벌성을 소멸시킨다. 이건 공평한 것일까. 시간이 가해자에게 완전한 면책을 주는 동안 피해자에게는 무엇을 주는 걸까. 옛말에 '때린 놈은 다리를 못 뻗고 자도 맞은 놈은 다리를 뻗고 잔다'고 했으니, 시간은 가해자에게 불편한 면책을, 피해자에게 편안한 포기를 주는 것으로 나름 균형을 맞춘다고 할 수 있을까.

피해자와 가해자가 서로 다른 시간을 사는 것은, 그래서 종종 피해자가 좀 더 과거에 머무는 것은, 시간의 문제가 아니라 당사자의 선택일 수도 있다. 게오르기 고스포디노프의 소설 『타임 셸터(Time Shelter)』에서는 각자 살고 싶은 시대를 선택하는 사람들, 나아가 국민투표를 통해 전체 국민들이 살아갈 시대를 선택하는 국가들이 등장한다. 하지만 그들은 모두 경험했던 과거들 중 가장 좋았던 과거를 선택한다. 자발적으로 범죄의 피해를 당했던 과거를 선택하는 사람은 거의 없을 것이다. 피해자가 과거에 머무는 시간이 많은 것은 의지에 따른 선택이 아니라 '이미 과거의 현재에 외롭게 살고 있기'[120] 때문이다.

공소시효가 가해자의 가벌성에 기한을 정한 것이 아니라, 피해자의 고통에 기한을 정한 것이라면 좋겠다. 시간이 지나면 사랑도 추억으로 변하는 것처럼, 고통도 고통이 아닌 것으로 변하는 그런 기한 말이다. 일정한 시간이 지나 고통이 사라질 수 있다면, 모든 범죄의 공소시효는 짧을수록 좋을 것이다. 하지만 고통은 시간과 무관하게 존재한다. 그리고 같은 종류의 피해라도 사람에 따라 고통의 종류와 정도는 다를 수 있는데 일률적으로 같은 고통의 기한을 정하는 것이 형평에 맞는 것인지도 모르겠다. 사기죄의 보호법익은 재산으로 공소시효가 배제되는 범죄가 아니지만, 보이스피싱이나 전세사기 피해자들 중 일부는 돈을 잃은 데 더하여 목숨도 잃는다. 더 중요한 가치인 생명이 사기죄의 보호법익이 아니라는 이유로 공소시효에서 고려되지 않아도 되는 걸까.

공소시효는 그것이 가벌성의 기한이든, 고통의 기한이든, 국가에 대한 관계에서 문제되는 시간이다. 국가가 아닌 사인들 사이의 관계에서 비슷하게 문제되는 시간으로, 소멸시효가 있다. 그 중 불법행위로 인한 손해배상청구권의 소멸시효는 피해자가 가해자의 불법행위에 의하여 입은 손해에 대하여 가해자에게 직접 그 배상을 청구할 수 있는 기간으로, 우리 민법은 피해자가 그 손해 및 가해자를 안 날로부터 3년 및 불법행위가 있었던 날로부터 10년이라는 두 가지 기한을 두고 있다. 예외적으로, 미성년자가 성폭력, 성추행, 성희롱, 그 밖의 성적 침해를 당한 경우에 이로 인한 손해배상청구권의 소멸시효는 피해자가 성년이 될 때까지 정지되는데, 이 조항은 2020년 10월 20일 개정에 의하여 신설되었으니, 아동에 대한 성폭력 범죄의 공소시효 정지 제도가 도입된 지 10년 만에 도입된 셈이다.

아동에 대한 성폭력 범죄에 대해서는 국가에 대해서나, 가해자 개인에 대해서나, 피해자가 성년이 될 때까지 가해자의 시간도 멈추게 된 것은 다행이나, 다른 불법행위, 심지어 공소시효가 아예 배제되는 범죄마저도, 가해자에게 직접 손해배상을 청구할 수 있는 시간은 위 3년 및 10년이라는 원칙적 기한이 적용된다.

소멸시효는 권리자가 자신의 권리를 행사할 수 있음에도 불구하고 일정한 기간 동안 그 권리를 행사하지 않는 상태, 즉 권리불행사의 상태가 계속된 경우에 법적 안정성을 위하여 그 권리를 소멸시키는 제도로, 그 존재 이유로 오랜 기간 동안 계속된 사실상태를 그대로 유지하는 것이 그 위에 구축된 사회질서를 보호하기 위해 필요하다는 점, 과거 사실의 증명 곤란으로부터 채무자를 구제하고 분쟁의 적절한 해결을 도모할 필요가 있다는 점, 채권자가 장기간 권리를 행사하지 않음으로써 더 이상 권리를 행사하지 않을 것으로 믿은 채무자의 신뢰를 보호할 필요가 있다는 점을 든다.[121] 여기서 채무자는 불법행위로 인한 손해배상 의무를 부담하는 사람, 즉 가해자를 의미한다. 소멸시효 제도의 존재 이유를 가해자의 '구제'와 '신뢰 보호'에서 찾는 것에, 나만 의아한지 모르겠다. 피해를 '구제'받고 '신뢰를 보호'받아야 할 사람은, 가해자와 피해자 둘 중에 하나를 고르라면, 아무래도 피해자가 아닐까.

무한과 유한

공소시효든 소멸시효든 국가가 가해자를 편들기 위해

만든 제도는 아닐 것이다. 국가가 시효 제도를 통해 추구하는 것은 일정한 시간이 지나면 아무것도 없었던 것과 같은 상태를 만드는 것, 즉 일정한 시간이 지날 때까지 해결되지 않은 과거의 분쟁을 현재 기준으로 종료하고 미래로 나아가기 위한 기반을 만드는 것이라고 생각한다.

시효 제도의 현실적 필요성에 전혀 공감하지 못하는 것은 아니다. 아쿠타가와 류노스케의 소설 「덤불 속」은 칼에 찔려 죽은 남자의 시체가 발견되었으나 남자를 누가, 왜 죽였는지에 관하여 남자의 혼령, 도둑, 남자의 처 등 관련자들의 진술이 엇갈려 결국 진실을 알 수 없는 상태를 보여주었다.(혼령이라고 거짓말을 못 하거나 안 한다는 법은 없다.)[122] 지금은 「덤불 속」의 배경이 된 시대보다 과학 기술이 훨씬 발전했지만, 아무리 기술이 발전한다고 해도 입증할 수 없는 사실은 존재할 수밖에 없다. 그런 사실에 대해서는 일정한 시간의 경과로 더 이상 무용한 노력을 하지 않는 것이 국가적으로나 개인적으로나 효율적일 수 있다. 남편이 잘못했지만 마음 넓은 내가 참고 넘어간 일을, 남편이 주어만 바꿔서 똑같이 얘기할 때, 가정의 평화라는 대의명분과 소요되는 감정과 노력을 고려해서 더 이상 누구의 주장이 맞는지 확인하지 않는 것과 비슷하다.

1년 동안 근무했던 검찰청에 발령받아 출근한 첫날, 같은 방 수사관 및 실무관으로부터 매일 두 번씩 전화하는 민원인의 존재를 듣게 되었다. 실제로 매일 아침 9시 무렵 및 점심 시간 직후에 알람처럼 사무실 전화벨이 울렸고, 그 민원인이 제출한 진정서도 때때로 접수되었다. 진정의 발단은 수십 년 전 그 민원인이 패소한 민사판결 때문이었다. 그는 판사가 판결을 잘못 선고했다고 주장하면서 판사를 고소하기 시작했고, 그가 고소한 사건을 담당한 경찰관, 검사도 순차로 고소 내지 진정했다. 그 세월이 적어도 10년은 넘었다. 내가 그 검찰청을 떠나기 전에 나도 고소당한 사람들 명단에 포함되었고, 나에게는 '10억 원을 배상하라'는 요구도 추가되었다.

나는 출근할 때 가끔 검찰청 정문 앞에 서 있는 그 민원인을 보면 눈이 마주치지 않게 지나가면서, 이제 그만하면 되지 않았을까, 희끗희끗한 머리 상태로 보아 과거에 매달려 있기에는 시간이 아깝지 않을까라고 생각하곤 했다. 그 민원인이 고소하거나 진정한 사건이 범죄로서 성립할 가능성이 있느냐는 둘째치고, 최초의 사건은 공소시효 기간을 훌쩍 넘긴 과거에 있었다. 나를 포함해 많은 사람들이 오래전부터 말로 또는 글로 왜 그가 고소 내지 진정한 사건이 자신이 원하는 대로 처리되지 않는지 무수히 설명해왔지만, 민원인은 하루에 두 번 검찰청에 전화하고, 가끔은 검찰청 정문 앞에 서 있는 일과를 충실히 수행하고 있었다. 그는 국가가 정한 기한과 상관없이 과거에 머무르고 있었다.

누구든 과거에 머물러 있는 사람을 보면 안타까운 마음이 드는 건 시간이 모두에게 같은 속도와 방향으로 흘러야 한다고 생각하기 때문이다. 다른 자원에 대한 불평등한 분배는 어느 정도 감수하더라도, 시간만은 공평하게 분배된다는 믿음이 있다. 그런데 공소시효나 소멸시효에 설정된 시간은 종종 피해자와 가해자에게 서로 달리 작용한다. 피해자가 범죄나 불법행위로 인한 피해나 고통에서 회복하지 못하여 과거에 머물러 있는 동안, 가해자는 완전한 면책을 얻어 더 이상 과거에 머물 필요가 없어지기도 한다. 차라리 국가가 범죄나 불법행위의 '유효기간'을 정하지 않는 것은 어떨까 싶은 생각이 들기도 한다.

법이나 제도는 현실에서 발생하는 문제에 대처하기 위한 것이므로, 시효 제도의 현실적 필요성을 부정할 수 없다고 하더라도, 이를 보완할 수는 있다. 2010년에 처음 아동성범죄에 대한 공소시효 정지 제도가 도입되고, 2020년에 불법행위로 인한 손해배상청구권의 소멸시효 정지 사유로 아동에 대한 성적 침해가 추가된 것처럼, 특히 시간이 가해자와 피해자에게 다른 의미를 갖는 종류의 사건에 대해서는 개별적으로 시효 기간을 늘리거나 정지할 수 있을 것이다.

공소시효의 적용이 배제되는 범죄들에 대해서는 이를 이유로 한 손해배상청구권에도 소멸시효를 적용하지 않는 것도 하나의 방법이다. 살인죄의 피해자 유족이 살인자를 상대로 사랑하는 사람을 잃은 고통에 대한 손해배상을 청구할 때, 그 고통이 소멸시효 기간을 지난다고 해서 사라지지는 않을 것이다. 고통의 기한은 사랑의 기한이기도 하다. 사랑의 상실로 손해배상청구는 물론 먹는 것도, 자는 것도 제대로 못할 만큼 고통스럽다면, 정해진 기한을 지키지 않았다고 그 고통으로 인한 배상도 청구하지 못하게 하는 것이 타당할까. 누구나 삶의 어느 단계에서는 아무것도 하고 싶지 않거나 할 수 없을 때가 있지 않나.

공소시효나 소멸시효 기간을 전체적으로 늘리는 방법도 생각해볼 수 있다. 1954년에 처음 제정된 형사소송법이 최단 1년에서 최장 15년 사이에서 정한 공소시효 기간은 53년 만인 2007년 12월 21일 최단 1년에서 최장 25년 범위에서 최단 1년을 제외하고 각 단계 별로 몇 년씩 길어졌다. 2007년 12월 21일 개정 및 시행된 형사소송법은 개정 이유로 'DNA 감정 기술 등 과학수사의 발달로 오랜 기간이 경과한 증거도 증거수집이 가능하여 실체적 진실 발견이 가능하게 된' 사정을 들고 있는데, 현재 과학 기술의 발전 속도에 비추어 더 오래된 증거수집도 가능하리라는 실제적 이유만으로도 공소시효 연장의 가능성이 충분하다고 할 것이다.

유발 하라리는 『호모데우스』에서 20세기 인간의 평균 수명이 40세에서 70세로 거의 두 배 늘어난 사실에 비추어 21세기에는 150세까지 가능할 수 있다고 전망하면서, 인류의 프로젝트가 20세기에는 기아, 전염병 및 전쟁을 극복하는 것이었다면, 21세기에는 불멸, 행복과 신성(神性), 즉 신과 같은 상태에 이르는 것이라고 하였다.[123] 의학과 과학 기술의 발전 덕분에 불멸까지는 아니더라도 '신과 같은' 상태를 추구하는 인간이 범죄나 불법행위에 대한 '용서'에 보다 엄격한 기준을 갖게 될 수도 있다. 어쩌면 늘어난 인간의 수명에 비례하여 피해자의 고통의 기간도, 가해자가 이에 대하여 책임져야 할 기간도 늘어난다는 단순한 셈법이 호응을 얻을지도 모른다.

유진위 감독의 영화 〈서유기-선리기연〉에서 지존보/손오공(주성치 분)이 '인간사 가장 큰 고통은 후회, 사랑에 기한을 정해야 한다면 만년으로 하겠소'라고 쓸쓸히 말하는 장면은, 범죄나 불법행위를 저질러 후회하는 사람과 그로 인한 피해로 고통받는 사람 모두에게 무한한 듯 유한한 기한을 설정하는 절충안에 대해서도 생각하게 한다.

나가며

사랑과 법은 사람이 사회 속에서 살아가기 위해 꼭 필요하다.

사랑은 갓 태어난 아기뿐만 아니라 인생의 모든 단계에서 사람의 물리적 생존과 성장, 신체적 · 정신적 건강을 위해 필수적이다. 사랑은 부재하는 곳에서도 그 존재가 느껴질 만큼 강력한 요건이다.

법은 사랑이 지속가능하도록 뒷받침한다. 예컨대, 근로관계에 관한 법은 정당한 노동의 대가를 보장하여 나와 내가 사랑하는 사람들이 생존에 대한 걱정 없이 평안한 일상을 영위할 수 있는 토대를 마련하고, 범죄의 예방 · 수사 및 사회의 질서 유지에 관한 법은 나와 내가 사랑하는 사람들이 자유롭고 안전하게 다닐 수 있는 환경을 조성한다. '법없이도 사는 사람'도 법이 없는 사회에서 평화롭게 살기는 어렵다.

그러나 사람들의 삶에 구체적인 영향을 미치는 것과는 별개로, 사랑과 법은 추상적인 개념이다. 그래서 각자 생각하는 사랑과 법의 모습은 모두 다르다. 소설이나 영화를 포함해서 사랑에 관하여 무수히 많은 담론이 존재하고, 자주 법이 개정되고 새로운 법이 제정되는 이유도 사랑과 법에 대해서는 저마다의 정의(定義)와 이상이 존재하기 때문이다. 같은 사람이라도 특정한 시기와 상황에 따라 사랑의 정의(定義)와 법의 정의(正義)가 달라지기도 한다.

이 책은 주로 내가 검사로 일했던 기간의 사랑과 법에 관한 생각들이다. 이 책의 초고를 완성한 후 몇 달이 지나 교정을 위해 다시 읽었을 때, 나는 시간이 사랑과 법에 관한 나의 생각에도 영향을 미쳤음을 알게 되었다. 시간은 역시 시간이다.

중학생이던 큰아이는 고등학생이 되었고, 작은아이는 여전히 중학생이지만 종종 고등학생으로 오해를 받는다. 가족들과 보내는 시간이 많아지면서 가족들의 취향이나 친구관계, 일상에 대해서 더 많이 알게 되었고, 그들도 나에 대해서 더 많이 알게 되었을 것이다. 더 많이 아는 것이 더 많이 사랑하는 것과 동의어는 아니지만, 사랑의 방법에 변화를 줄 수는 있겠다.

검사였던 시절에 주로 생각했던 법은 범죄와 관련된 형사법이었다. 그때도 사회의 모든 문제를 형사법으로 규율할 수 있다고 생각하지는 않았지만, 이제는 범죄와 같은 형사법적 문제에 대해서도 좀 더 다른 관점으로 생각하게 되었다. 예컨대, 아동학대 범죄나 그 행위자에 대한 처벌은 여전히 중요한 문제이지만, 아동의 보호와 복지를 위한 사회적 제도와 인식을 개선하는 문제에 좀 더 관심을 갖게 되었다.

그리고 시와 소설을 비롯한 여러 분야의 책, 만화 등 '좋은 인쇄물'과 영화, 드라마, 애니메이션 등 '좋은 영상물' 또한 나의 사회적 생존에 상당한 역할을 해왔다는 사실도 초고를 쓸 때는 몰랐다. 그저 어딘가에 저장된 생각과 기억을 끄집어내는, 홍차에 적신 마들렌 같은 것이라고만 생각했다.

하지만 '좋은 인쇄물'과 '좋은 영상물'은 그 순간의 즐거움을 주는 것 외에도 내가 호흡을 가다듬어야 하는 순간에 깊은 숨을 내쉴 수 있도록 도와주었다. 기형도의 시를 처음 읽었을 때 나는 그로부터 10년이 훨씬 지난 어느 날 변사자의 집안 사진을 보면서 그의 시를 떠올릴 것이라고, 그 후로는 변사 기록을 볼 때마다 반복적으로 떠올릴 것이라고, 꿈에도 생각하지 못했다. 허수경의 시를 매년 벚꽃이 피는 계절에 떠올리긴 했어도, 마약 사건 피의자의 퀭한 눈을 보면서 생각하게 될 줄은 몰랐다.

이 책을 읽은 분들이 각자의 '사랑'과 '법'에 대해서 생각하게 되었기를 기대한다. 이 책에서 인용한 좋은 시들(하나 빼고)을 읽고 그 중에 마음에 남는 시가 있었기를 바라본다.

마지막으로 내게 '사랑하는 법'을 가장 많이 가르쳐준 남편과 아이들에게 감사의 마음을 전한다.

주

1 김수영, '죄와 벌'; 이기철, '김수영의 「공자의 생활난」과 「죄와 벌」', 「시와 세계」 제82호, 2023, p.24~25에서 재인용

2 이기철, '김수영의 「공자의 생활난」과 「죄와 벌」', 「시와 세계」 제82호, 2023, p.24

3 변사에관한업무지침(대검 예규, 2021. 11. 16. 시행) 제2조 제1호

4 형사소송법 제222조

5 위 지침 제1조

6 『사법통제실무』, 법무연수원, 2022, p.204

7 2022. 7. 8.자 서울중앙지방검찰청 보도자료, '단순변사로 묻힐 뻔한 영아살해 사건의 실체를 밝혀내 친부모인 20대 연인 구속기소'

8 2022. 10. 31.자 연합뉴스 기사, '[이태원 참사]대검, 희생자 154명 전원 검시 완료', (https://www.yna.co.kr/view/AKR20221031056200004, 2023. 1. 12. 접속)

9 2022. 12. 30.자 서울서부지방검찰청 보도자료, '이태원 참사 증거인멸 경찰 간부 3명 기소 - 업무상과실치사사상 사건 검찰 수사 착수'

10 『2022 자살예방백서』, 보건복지부 · 한국생명존중희망재단, 2022, p.26~101, 118.

11 『2021 경찰통계연보』 제65호, 경찰청, p.334

12 위 『2021 경찰통계연보』, p.336~337

13 대전지방법원 천안지원 2016. 12. 28. 선고 2016고합105, 2016고합

124, 2016고합117 판결 [강도방조 · 개인정보보호법위반 · 마약류관리에관한법률위반(향정) · 자동차관리법위반 · 의료법위반 · 강도살인 · 사체유기 · 사기 · 절도 · 사문서위조 · 위조사문서행사]

14 애나 마친, 제효영 옮김, 『과학이 사랑에 대해 말해줄 수 있는 모든 것』, 어크로스, 2022, p.352, 41

15 'Tackling Loneliness annual report March 2023: the fourth year' (https://www.gov.uk/government/publications/loneliness-annual-report-the-fourth-year/tackling-loneliness-annual-report-march-2023-the-fourth-year#ministerial-foreword)

16 2021. 2. 13.자 KBS 뉴스, '코로나19에 고독 · 고립 심각…일본, 담당 장관 신설' (https://news.kbs.co.kr/news/pc/view/view.do?ncd=5117060)

17 고독사예방법 제3조 제1항, 제4조 제1항

18 『2020 노인맞춤돌봄서비스 사업안내』, 보건복지부 · 노인맞춤돌봄서비스, 2020, p.3~8

19 편집대표 박상옥, 김대휘, 『주석 형법 총칙 1』, 한국사법행정학회, 2020, p.128, 133

20 대법원 2018. 9. 13. 선고 2018도7658, 2018전도54, 55, 2018보도6, 2018모2593 판결 [살인방조(변경된죄명:살인) · 사체유기 · 특정범죄가중처벌등에관한법률위반(영리약취 · 유인등) · 사체손괴 · 부착명령 · 보호관찰명령]

21 Joseph Henrich, 『The Weirdest People in the World』, PENGUIN BOOKS, 2021, p.50~51

22 대전지방법원 2015. 8. 25. 선고 2015고합149, 2015감고3 판결 [살인 · 살인미수 · 치료감호]

23 대전고등법원 2015. 11. 23. 선고 2015노469, 2015감노13 판결 [살

인 · 살인미수 · 치료감호]

24 대법원 2008. 10. 23. 선고 2008도4852 판결 [사기미수 · 무고 · 위증 · 무고방조]

25 헌법재판소 2009. 7. 30.자 2008헌가18 전원합의체 결정 [구건설산업기본법제조제항위헌제청]

26 애나 마친, 제효영 옮김, 「과학이 사랑에 대해 말해줄 수 있는 모든 것」, 어크로스, 2022, p.382

27 롤랑 바르트, 김희영 옮김, 「사랑의 단상」, 동문선, 2004, p.316

28 헌법재판소 2004. 10. 28.자 2002헌마328 결정 [2002년도 국민기초생활보장최저생계비 위헌확인]

29 Murakami Haruki, 「What I talk about when I talk about running」, Vintage UK, 2009, p.73

30 Kazuo Ishiguro, 「Klara and the Sun」, Alfred A. Knopf, 2021

31 가즈오 이시구로, 김남주 옮김, 「나를 보내지마」, 민음사, 2009

32 Kazuo Ishiguro, 「The Remains of the Day」, Vintage International, 1993

33 Lulu Miller, 「Why Fish Don't Exist」, Simon & Schuster Paperbacks, 2021, p.64

34 이규호, 'AI로봇의 형사법적 지위', 「법학연구」 제20권 제1호, 한국법학회, 2020; 황만성, '인공지능의 형사책임에 관한 소고', 「법과정책」 24권 1호, 제주대학교 법과정책연구원, 2018; 박광민, 백민제, '인공지능 로봇의 범죄주체성과 형사책임의 귀속', 「법학연구」 제20집 제4호, 인하대학교 법학연구소, 2017 등

35 서울중앙지방법원 2020. 6. 3. 선고 2020고단367 판결 [사기]

36 서울남부지방법원 2022. 1. 24. 선고 2021고단3308, 2021고단5026, 2021초기1253 판결 [사기 · 배상명령신청]

37 애나 마친, 제효영 번역, 「과학이 사랑에 대해 말해줄 수 있는 모든 것」, 어크로스, 2022, p.300

38 서울중앙지방법원 2019. 12. 11. 선고 2019고단7307, 2019고단6750 판결 [사기 · 위조공문서행사]

39 서울중앙지방법원 2019. 12. 19. 선고 2019고단5064 판결 [사기방조 · 전자금융거래법위반]

40 대법원 2020. 6. 25. 선고 2018도13696 판결 [사기]

41 대법원 2017. 9. 26. 선고 2017도8449 판결 [특정경제범죄가중처벌등에관한법률위반(사기) · 사문서위조 · 위조사문서행사]

42 「분기별 범죄동향 리포트」2023년 1분기, 한국형사 · 법무정책연구원, 검찰.

43 Bonnie Garmus, 『Lessons in chemistry』, Doubleday, 2022, p.39

44 롤랑 바르트, 김희영 옮김, 『사랑의 단상』, 동문선, 2004, p.327

45 애나 마친, 제효영 번역, 『과학이 사랑에 대해 말해줄 수 있는 모든 것』, 어크로스, 2022, p.163

46 편집대표 김대휘, 김신, 『주석 형법 각칙 6』, 한국사법행정학회, 2017, p.44

47 전주지방법원 2021. 9. 24. 선고 2021고단1486 판결[사기 · 사기방조]

48 2019. 9. 2. PBS NewsHour(https://www.youtube.com/watch?v=5LZlJmb8cmY)

49 2022. 11. 19. BBC NEWS 코리아(https://www.bbc.com/korean/international-63687467)

50 Daniel Simons & Christopher Chabris, 『NOBODY'S FOOL』, BASIC BOOKS, 2023, p.245

51 Hemingway, 『To have and have not』, Penguin Random House UK,

2023, p.51

52 수원지방법원 평택지원 2016. 10. 27. 선고 2016고단1070 판결 [사기방조]

53 서울남부지방법원 2018. 1. 18. 선고 2017노2661 판결 [사기방조 · 전자금융거래법위반]

54 부산지방법원 동부지원 2021. 12. 14. 선고 2020고단295 판결 [사기방조]

55 부산지방법원 2019. 8. 21. 선고 2019고단2229 판결 [사기방조]

56 서울중앙지방법원 2020. 5. 21. 선고 2019고단2545, 2019고단7105, 2019고단5689, 2019고단6627 판결 [사기 · 방문판매등에관한법률위반 · 유사수신행위의규제에관한법률위반]

57 대전지방법원 천안지원 2020. 11. 20. 선고 2020고단1798, 2020초기454 판결 [사기 · 배상명령신청]

58 전주지방법원 2023. 12. 7. 선고 2021고합64, 67(병합), 184(병합), 185(병합), 198(병합), 217(병합), 219(병합), 2022고합95(병합), 176(병합) 및 2021초기135 외 195건 판결 [특정경제범죄가중처벌등에관한법률위반(사기) · 특정경제범죄가중처벌등에관한법률위반(횡령) · 전기공사업법위반 · 부동산개발업의관리및육성에관한법률위반 · 사기 · 배상명령신청]

59 서울중앙지방법원 2020. 2. 19. 선고 2019고단46 판결 [사기방조 · 방문판매등에관한법률위반방조], 서울중앙지방법원 2020. 1. 17. 선고 2019고단4604 판결 [사기방조 · 방문판매등에관한법률위반]

60 Charles Dickens, 『Great Expectations』, Oxford University Press, 2008, p.57

61 Charles Dickens, 앞의 책, p.57

62 장혜영, '아동학대의 법적규율 – 캐나다의 법제에 관한 비교법적 고찰', 서울대학교 법학박사논문, 2022, p.2

63 Doris Lessing, 『THE FIFTH CHILD』. Vintage International, 1989, p.90, 107

64 Min Jin Lee, 『Pachinko』, Grand Central Publishing, 2017, p.386

65 Leo Tolstoy, 『Anna Karenina』, Penguin Books, 2008, p.1

66 대법원 2000. 4. 25. 선고 2000도223 판결 [미성년자의제강간치상 · 아동복지법위반 · 학대]

67 Bernadette J. Saunders, 'Ending the Physical Punishment of Children by Parents in the English-speaking World: The Impact of Language, Tradition and Law, 「International Journal of Children's Rights 21」, 2013, p.286

68 장혜영, 「아동학대의 법적규율 – 캐나다의 법제에 관한 비교법적 고찰」, 서울대학교 법학박사논문, 2022, p.18~23

69 장혜영, 앞의 논문, p.17~18

70 초중고사교육비조사, 국가통계포털 (https://kosis.kr/statisticsList/statisticsListIndex.do?menuId=M_01_01&vwcd=MT_ZTITLE&parmTabId=M_01_01&statId=2007225#content-group)

71 2022. 5. 8.자 한겨레 기사, '"사교육비, 경제적 부담" 응답 내 부모 세대보다 높다…하지만' (https://www.hani.co.kr/arti/society/schooling/1041933.html)

72 2023. 3. 7.자 중앙일보 기사, '저출산 부추기는 주범, 사교육비 부담' (https://www.joongang.co.kr/article/25145457#home)

73 최정원, 문호영, 전진아, 박용천, 「10대 청소년의 정신건강 실태조사」, 한국청소년정책연구원, 2021

74 헌법재판소 2000. 4. 27.자 98헌가16 전원합의체 결정 [학원의설

립 · 운영에관한법률제조제항제호등위헌제청 · 학원의설립 · 운영에관한법률제조등위헌확인]

75 헌법재판소 2000. 4. 27.자 98헌가16 전원합의체 결정 [학원의설립 · 운영에관한법률제조제항제호등위헌제청 · 학원의설립 · 운영에관한법률제조등위헌확인]

76 김주현, '능력주의에 대한 반론—허구, 지배 그리고 평등—', 『법철학연구』 제25권 제1호, 한국법철학회, 2022, p.29, 30

77 Micheal J. Sandel, 『THE TYRANNY OF MERIT - WHAT'S BECOME OF THE COMMON GOOD?』, Farra, Straus and Giroux, 2020, p.60

78 김도균, 『한국사회에서 정의란 무엇인가-우리 헌법에 담긴 정의와 공정의 문법』, 아카넷, 2020, p.236

79 헌법재판소 2015. 4. 30.자 2012헌마620 전원합의체 결정 [공통과학교사선발방법위헌확인]

80 2020. 10. 6.자 경향신문 기사, '시민 10명 중 6명 "한국은 불공정 사회"…'공정'에 대한 갈증 여전' (https://m.khan.co.kr/politics/politics-general/article/202010060600105#c2b)

81 2023. 3. 20.자 연합뉴스 기사, '한국, 행복순위 세계 57위… OECD 회원국 중 최하위권' (https://www.yna.co.kr/view/AKR20230320157700009)

82 마이클 영, 유강은 옮김, 『능력주의』, 이매진, 2020

83 Micheal J. Sandel, 『THE TYRANNY OF MERIT - WHAT'S BECOME OF THE COMMON GOOD?』, Farra, Straus and Giroux, 2020, p.130, 73

84 Micheal J. Sandel, 앞의 책, p.184, 73

85 Micheal J. Sandel, 앞의 책, p.179~180

86 2023. 10. 14.자 연합뉴스 기사, "서울대서 대학원생 숨진 채 발견…'공부 힘들다' 유서" (https://www.yna.co.kr/view/AKR20231014030800004?input=1179m)

87 2023. 7. 22.자 뉴스버스 기사, ""남들도 불행하게 만들려고"…신림역 칼부림 30대 진술"(https://www.newsverse.kr/news/articleView.html?idxno=3840)

88 2023. 8. 3.자 매일신문 기사, "서현역 차량돌진 · 칼부림 20대男 최씨, 다중밀집지 불특정다수 노린 듯"(https://news.imaeil.com/page/view/2023080321185893951); 2023. 8. 5.자 경기일보 기사, "여자만 10명 죽이겠다" 인천 살인 예고 글 잇따라…경찰 등 '초비상'"(https://www.kyeonggi.com/article/20230805580086); 2023. 8. 14.자 머니투데이 기사, ""대림동서 칼춤 춘다" 사진까지 올리고…서울서만 벌써 5번째 구속"(https://news.mt.co.kr/mtview.php?no=2023081419283522484)

89 2023. 8. 22.자 이지경제 기사, '"묻지마 범죄, 내가 위험하다"…호신용품 판매 급증' (http://www.ezyeconomy.com/news/articleView.html?idxno=125235); 2023. 8. 9.자 조선일보 기사 '법무부, 살인예고글 · 흉기소지 처벌 규정 신설 추진(https://www.chosun.com/national/national_general/2023/08/09/B73RBBBJ6JF4NGKHK4TAXIY4G4/?utm_source=naver&utm_medium=referral&utm_campaign=naver-news)

90 Micheal J. Sandel, 『THE TYRANNY OF MERIT-WHAT'S BECOME OF THE COMMON GOOD?』, Farra, Straus and Giroux, 2020, p.104, 119

91 Martha C. Nussbaum, 『Political emotions – Why Love Matters for Justice』, The Belknap Press of Harvard University Press, 2015, p.136

92 Joseph Henrich, 『The Weirdest People in the World』, PENGUIN BOOKS, 2021, p.219

93 박경리, 『김약국의 딸들』, 도서출판 나남, 1993, p.384

94 국회의안정보시스템(https://likms.assembly.go.kr/bill/billDetail.do?billId=PRC_O1Q8H0E5P2J1B1U4P5G2N1E7O8T5L6)

95 국회의안정보시스템(https://likms.assembly.go.kr/bill/billDetail.do?billId=PRC_O2P3O0K4J1H7G0O6Z4Y9X3F0D5C8B0)

96 의정부지방법원 고양지원 2018. 11. 8. 선고 2018고단1697 판결 [아동복지법위반(아동유기 · 방임) · 아동복지법위반(아동학대)]

97 장혜영, '아동복지법상 정서적 학대행위 – 친족성범죄에서 피해자에 대한 합의 종용 행위를 중심으로 –', 「사회보장법연구」제7권 제2호, 서울대 사회보장법연구회, 2018, p.129

98 장혜영, 앞의 논문, p.128

99 부산고등법원 2023. 6. 12. 선고 2022노497, 2022보노59, 2022전노56 판결 [성폭력범죄의처벌등에관한특례법위반(강간등살인) · 보호관찰명령]

100 부산지방법원 2022. 10. 28. 선고 2022고합282, 2022보고44, 2022전고34 판결 [살인미수 · 범인은닉 · 범인도피 · 부착명령 · 보호관찰명령]

101 2023. 10. 20.자 연합뉴스 기사, '[국감현장] '부산 돌려차기' 피해자 "왜 판사 맘대로 용서하나"(종합)' (https://www.yna.co.kr/view/AKR20231020078951001?input=1195m)

102 『2022 마약류 범죄백서』, 대검찰청, 2023, p.97~98

103 Anna Lembke, MD, 『Dopamine nation : finding balance in the age of indulgence』, Dutton, 2023, p.53~54

104 Anna Lembke, 앞의 책, p.57

105 Anna Lembke, 앞의 책, p.16
106 대전지방법원 천안지원 2015. 8. 26. 선고 2015고합109, 2015고합137 판결[수뢰후부정처사 · 뇌물요구 · 변호사법위반 · 사기]
107 대전고등법원 2017. 4. 21. 선고 2016노412, 2016전노39 판결[살인 · 살인미수 · 사체유기 · 마약류관리에관한법률위반(향정) · 상해 · 부착명령]
108 대법원 2014. 8. 21. 선고 2010다92438 전원합의체 판결[손해배상(기)]
109 강수돌, 『중독공화국』, 세창미디어, 2021
110 저드슨 브루어, 김태훈 옮김, 『불안이라는 중독』, 김영사, 2021
111 안도 슌스케, 송지현 옮김, 『정의감 중독 사회』, 또다른우주, 2023
112 다니엘 밀로, 양영란 옮김, 『미래중독자』, 추수밭, 2017
113 롤랑 바르트, 김희영 옮김, 『사랑의 단상』, 동문선, 2004, p.55
114 Anna Lembke, MD, 『Dopamine nation : finding balance in the age of indulgence』, Dutton, 2023, p.18, 105
115 서울고등법원 2019. 9. 17. 선고 2019노1244 판결 [성폭력범죄의처벌및피해자보호등에관한법률위반 · (13세미만미성년자강간등) · 성폭력범죄의처벌및피해자보호등에관한법률위반(친족관계에의한강제추행) · 성폭력범죄의처벌등에관한특례법위반(친족관계에의한강제추행) · 성폭력범죄의처벌등에관한특례법위반 · (13세미만미성년자강제추행) · 아동복지법위반(아동학대)]
116 헌법재판소 1993. 9. 27.자 92헌마284 전원합의체 결정 [불기소처분취소]
117 무라카미 하루키, 홍은주 옮김, 『도시와 그 불확실한 벽』, 문학동네, 2023, p.77
118 Haruki Murakami, 『Men Without Women』, Alfred A. Knopf, 2017,

p.209

119 Matthew Desmond, 『Poverty, by America』, Crown, 2023, p.76

120 Georgi Gospodinov, 『Time Shelter』, Orion Publishing Co, 2023, p.43

121 헌법재판소 2022. 5. 26.자 2018헌바153 전원합의체 결정 [구 상법 제662조 위헌소원]

122 아쿠타가와 류노스케, 양윤옥 옮김, 『라쇼몽』, 좋은생각, 2004, p.54~70

123 Yuval Noah Harari, 「Homo Deus-A Brief History of Tomoorrow」, VINTAGE, 2017, p. 29, 408

사랑과 법

1판 1쇄 찍음 2024년 5월 13일
1판 1쇄 펴냄 2024년 5월 27일

지은이 장혜영

주간 김현숙 | **편집** 김주희, 이나연
디자인 이현정, 전미혜
마케팅 백국현(제작), 문윤기 | **관리** 오유나

펴낸곳 궁리출판 | **펴낸이** 이갑수

등록 1999년 3월 29일 제300-2004-162호
주소 10881 경기도 파주시 회동길 325-12
전화 031-955-9818 | **팩스** 031-955-9848
홈페이지 www.kungree.com
전자우편 kungree@kungree.com
페이스북 /kungreepress | **트위터** @kungreepress
인스타그램 /kungree_press

ISBN 978-89-5820-883-9 03360

책값은 뒤표지에 있습니다.
파본은 구입하신 서점에서 바꾸어 드립니다.